AF580071

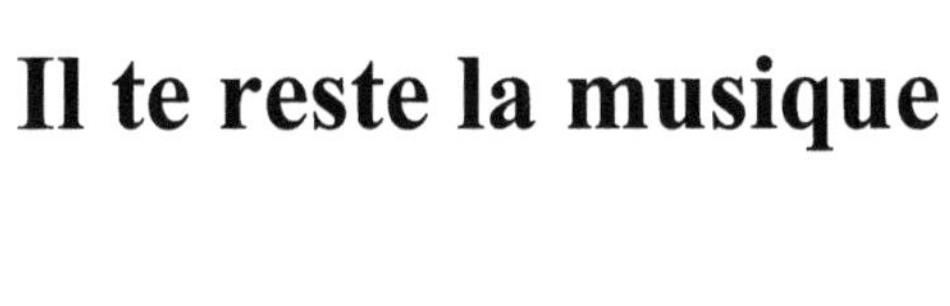

Il te reste la musique

Jean Jacques Kira

Il te reste la musique

LE LYS BLEU
ÉDITIONS

ISBN : 979-10-377-7860-4

À propos de l'auteur

Il te reste la musique… est le titre d'une chanson écrite il y a de nombreuses années pour ma présélection à l'Eurovision.

Je pense que dans n'importe quel moment de notre vie, nous avons besoin de chansons et de musiques.

Nous sommes en 2022 : après cet ouragan de Covid-19, nous en sommes sortis un peu abasourdis. Jamais nous n'aurions pu imaginer qu'une catastrophe pareille puisse arriver et anéantir des centaines de milliers de gens. Ceux qui s'en sont sortis ont « ramé » et je peux m'estimer heureux d'être toujours là. D'autres n'ont pas eu cette chance.

Et à présent, la guerre en Ukraine… Il nous reste la musique.

Il n'y a pas de hasard
Il n'y a que des rendez-vous.

Paul Eluard

J'ai rencontré beaucoup de gens de métier mais je n'ai jamais eu de rendez-vous avec la gloire. Donc je me suis débrouillé comme j'ai pu pour vivre de ma passion.

Ce soir, il fait froid. Je suis blotti dans mon appartement, mon cocon bien chaud et je me souviens…

J'ai avancé et traversé ma vie en ne regardant que rarement en arrière. Et pourtant, sans être un chanteur « vedette », j'ai vécu ma vie d'artiste, modestement certes, mais issu d'une famille modeste, j'ai eu une vie incroyable !

55 ans de chansons, vous vous en rendez compte !

Aujourd'hui, l'âge venant, je refais à l'envers le parcours de ma vie faite de belles rencontres qui m'ont fait vivre des aventures que je n'aurais jamais pu imaginer, même dans mes rêves les plus fous.

Je vous invite à tourner avec moi les pages de l'encyclopédie de ma vie, un véritable kaléidoscope. La route fut longue et parfois escarpée mais ce fut une belle aventure.

Cahier Photos

Mon enfance

Cette chanson, que je chante toujours quarante ans plus tard, est une chanson très importante car elle résume un peu ce que représente mon enfance dans ces années cinquante.

C'est la seule chanson autobiographique que j'ai écrite car je pense que ma vie n'intéresse pas grand monde. Je préfère écrire des textes issus de mon imagination ou bien, souvent, emprunter des textes à d'autres auteurs ou bien même, carrément, chanter des auteurs que j'admire.

Déjà tout gosse, mes rêves étaient peuplés de chansons et de musiques. Aussi loin que je me souvienne, j'ai toujours rêvé de faire le métier de chanteur. Un métier qui n'en est pas un, plutôt une passion.

Enfant, lorsque l'on me questionnait, comme on demande souvent aux enfants : Que veux-tu faire plus tard ? Je répondais invariablement : « Chanteur ! » Sans savoir vraiment de quoi il s'agissait. Les chanteurs que j'entendais à la radio me faisaient rêver. Pourtant, au départ, rien ne me prédisposait à cette passion.

Nous sommes au début des années cinquante. Papa possède un atelier de confiserie. Son métier est « décorateur de chocolat ». C'est-à-dire qu'il décore chaque chocolat à la main avec des sucres de différentes couleurs.

Dans l'usine de papa
On fabriquait du chocolat
C'était sa vie ce métier-là
Je m'en souviens…

(« Mon enfance »*, paroles & musique Jean Jacques Kira)*

Un métier qui a disparu depuis longtemps car aujourd'hui cela se fait à la machine, en série.

Pour cela, papa a fait des études aux Beaux-Arts de Bruxelles. Il dessinait très bien. Il existe quelque part dans la famille des dessins de sa jeunesse faits à l'encre de Chine.

La petite entreprise de papa marche gentiment, sans faire des éclats. Elle nous permet de vivre normalement comme la plupart des gens de cette période d'après-guerre.

Papa est d'origine flamande, de Zellik, dans la banlieue bruxelloise. Il a une sœur, ma tante Charlotte, que j'ai très peu connue car avant la guerre, elle avait rencontré un étudiant sud-américain avec qui elle était partie vivre au Venezuela puis au Costa Rica. Elle ne revint qu'en 1963, à la mort de mon grand-père paternel. Elle embarqua ma grand-mère (et le petit héritage !) qui y mourut et fut enterrée dans ce pays lointain.

Maman est Bruxelloise. Elle est l'aînée d'une famille de cinq frères et sœurs.

Au début des années trente, papa et maman se rencontrent chez Ruelle, une grande usine qui fabrique du chocolat. Maman est emballeuse et papa décorateur de chocolat. Ils se marient en 1933 et mon frère Jean naît deux ans plus tard.

Lorsque la guerre éclate, papa est obligé de travailler en Allemagne pour le STO (Service de travail obligatoire), instauré par l'occupant. Un jour, il refuse de partir et se cache dans les campagnes belges.

Entre-temps, mes parents ont trouvé un appartement rue de Biestebroeck près du canal, à Anderlecht, un quartier de Bruxelles. Maman y habite avec mon frère Jean, papa se cache toujours. Lorsque les Allemands ont bombardé un pont du canal, la maison tremble de partout et les vitres volent en éclats.

Un an après la fin de la guerre naît ma sœur Emma. Une jolie petite fille blonde qui fait la joie des parents. Ma sœur est la préférée de papa car on sait que les papas préfèrent souvent les filles !

Je nais vingt-trois mois plus tard, c'est-à-dire le 27 décembre 1947, entre Noël et Nouvel An.

Mes souvenirs les plus lointains remontent à Saint-Gilles, commune de la banlieue bruxelloise. Papa travaille dans son atelier de confiserie et maman s'occupe de mon frère, de ma sœur et de moi. Très loin dans ma mémoire, je dors dans la chambre des parents. Je me souviens du plafond orné de moulure et du papier à fleurs.

J'ai souvenir qu'avec ma sœur, dans la cour devant l'atelier paternel, nous jouions simplement à faire des croix à la craie sur les pavés de la cour. Une trentaine d'années plus tard, j'y suis retourné et je me suis rendu compte qu'avec mes yeux de gosses, cette cour me paraissait surdimensionnée !

Nous n'avions pas beaucoup de jouets mais à cette époque, tous les enfants, ou presque, étaient comme nous. La profusion de jouets est arrivée plus tard au début des années soixante avec la société de consommation.

Tout gosse, j'étais fasciné par les artistes. C'étaient les débuts des chanteurs exotiques tels que Luis Mariano, Dario Moreno, Georges Guétary, Gloria Lasso… Maman avait une jolie voix et chantait, en tricotant, toutes les chansons qui passaient à la radio.

Les chansons de la radio
Que je retrouvais au piano
Au rythme de mon vieux phono
Et c'était bien…

(« Mon enfance *», paroles & musique Jean Jacques Kira)*

Je n'ai jamais joué de piano. Sur des instruments imaginaires, j'imaginais les chansons. Il n'existait pas encore d'électrophones, c'étaient des pick-up, avec des aiguilles et des disques en 78 tours en cire.

Nous écoutions beaucoup la radio. Mon frère Jean possédait un de ces fameux pick-up dans sa chambre. Le soir, il écoutait les disques des chanteurs de l'époque.

Étant donné que je partageais sa chambre, j'ai été « initié » très jeune à la chanson. Il était grand fan de Gilbert Bécaud. Sans les avoir jamais apprises, je connais encore aujourd'hui pratiquement toutes les premières chansons de Gilbert Bécaud. Il m'arrive encore aujourd'hui de chanter « Mes mains », « La ballade des baladins », etc., etc.

Je rêvais de devenir chanteur.

Le soir, comme je me couchais plus tôt que Jean, pour m'endormir, il lui suffisait de mettre un disque sur son pick-up, tout de suite je m'endormais à poings fermés. Il pouvait alors tranquillement lire sans que je le dérange.

J'aimais surtout Marie-Josée Neuville, chanteuse aux nattes qu'on surnommait « la collégienne de la chanson », qui chantait « Le cowboy Johnny ». À la fin des années soixante-dix, j'eus l'occasion de la rencontrer lors d'un cocktail pour la sortie de son roman « La source perdue ». Elle était très sympa, je lui ai dit qu'elle avait bercé ma jeunesse.

Il y avait également Caterina Valente, chanteuse oubliée aujourd'hui. Elle avait une superbe voix et fit des succès internationaux. J'étais déjà attiré par les belles orchestrations avec violons, etc., etc. Elle se produisait aux USA, au Japon, et dans toute l'Europe.

En Belgique, comme en France, la grande vedette féminine de cette époque était l'Espagnole Gloria Lasso, chantant aussi bien en français qu'en espagnol. Première millionnaire du disque avec « Étranger au paradis ». Quelques années plus tard, elle sera détrônée par l'arrivée de Dalida et son « Bambino ».

Évidemment, nous n'avions pas encore la télévision. Nous découvrions les artistes à la radio et attendions de voir leurs photos dans les magazines afin de voir à quoi ils ressemblaient. Je découvrais ainsi les artistes à la radio, dont Dalida.

À cette époque, la radio était très importante dans les foyers. En famille, nous suivions les émissions, notamment le « Quitte ou double » sur RTL (qui s'appelait encore Radio Luxembourg). Nous suivions également les Musicoramas d'Europe 1.

Je me souviens avoir écouté en 1959, l'oreille collée au poste de radio, un Musicorama de Dalida, en direct depuis l'Olympia. J'étais envoûté par sa voix chaude et grave. J'avais 11 ans !

Lorsqu'en 1961 sortit le film « Parlez-moi d'amour » avec Dalida, je me précipitai au cinéma avec ma sœur pour voir ce film en technicolor sur écran panoramique. Ce n'était pas un grand film d'auteur, plutôt un prétexte pour interpréter ses succès du moment.

Papa faisait partie de l'amical des anciens déportés. Le dimanche en fin de matinée, nous allions, papa, maman, ma sœur et moi, au cinéma. C'était au cinéma Métropole à Bruxelles, un cinéma aussi grand qu'un Olympia, avec deux ou trois balcons.

À cette époque, on s'habillait pour aller au cinéma. On mettait ses habits du dimanche. Aujourd'hui, tout ça a bien changé.

Dans les années quatre-vingt, j'avais eu des invitations pour assister à « Carmen » à l'opéra Garnier de Paris. J'avais mis mon beau costume noir et mon nœud papillon. Ma copine du moment s'était fait faire une belle robe noire de soirée. Lorsque nous sommes arrivés, nous étions les deux clowns de la soirée. Les jeunes étaient en jeans et baskets et bouffaient des pop-corn !

Dans cette moitié des années cinquante, les affaires de papa étaient au plus bas. Un incendie avait ravagé son atelier et il était ruiné. Pour subvenir aux besoins de sa famille, papa fut obligé d'aller travailler chez les concurrents ou à l'usine.

Bien que n'étant pas très argentés, nous étions heureux, ma sœur et moi, avec nos parents qui trimaient comme ils le pouvaient. Mon frère Jean n'était plus à la maison, il s'était marié quand j'avais dix ans.

À l'école, nous étions dans des classes mixtes. Je chantais toujours. J'étais la petite vedette de la classe. C'est peut-être grâce à ce « statut » que vers douze ou treize ans je tombais régulièrement amoureux de mes copines de classe.

Parfois, me retrouvant à la plaine de jeux de mon quartier, je me souviens avoir fredonné pour une fillette de mon âge « Toi, je t'aimerai jusqu'à la fin du monde », une chanson de Gloria Lasso.

J'étais très fleur bleue. Le fait d'entendre la musique de Dimitri Tiomkin du film « Alamo », traduite en français sous le titre « Le bleu de l'été », chantée par les Compagnons de la Chanson ou John William, j'avais les larmes aux yeux. J'avais la sensibilité à fleur de peau.

Je n'aimais pas trop l'école. Je pense qu'elle ne m'aimait pas beaucoup non plus ! Donc ne nous éternisons pas sur mes études, ça vaut mieux.

De toute façon, pour « faire » le chanteur, je sus très tôt qu'on ne vous demande pas d'avoir des diplômes.

Néanmoins, entre dix et douze ans, j'étais dans les premiers de la classe car comme beaucoup de mes petits camarades, j'étais un peu amoureux de ma jeune et jolie institutrice. Elle s'appelait madame Bloquaux. Elle était très gentille, généreuse et sensible.

Je me souviens qu'un jour, en récréation, elle remarqua un garçon pauvre dont les semelles étaient trouées alors qu'il pleuvait à verse. Très émue de voir ce pauvre gosse, pendant l'heure de table, elle alla lui acheter une paire de souliers.

À l'époque, il y avait une complicité mais aussi un respect entre l'élève et le maître d'école. Ces temps ont bien changé !

Pour gagner quelques sous, le matin, je me levais plus tôt. Par tous les temps, avant d'aller en classe, j'allais distribuer du pain dans une épicerie.

Le soir, après l'école, je faisais les courses d'une vieille dame qui habitait dans notre rue. Nous l'avons toujours appelée par son nom de famille : madame Vansteenbeek. Mes parents et moi nous l'adorions. Elle était native de Louvain. En buvant un Coca, elle me racontait sa jeunesse. C'était un personnage !

Mes parents bossaient beaucoup. Ils n'avaient ni le temps ni l'argent pour nous emmener en vacances. Je fus envoyé en colonie de vacances, j'adorais ça. Ma sœur n'aimait pas trop.

Mes premières colonies pendant les vacances de Pâques sont à Oosduinkerke, à la côte belge. Nous sommes en 1958, j'ai 10 ans et le grand succès du moment est « Marina » de l'Italo-Belge Rocco Granata. Je la chante phonétiquement en italien. Je suis émerveillé par un surveillant qui chante Brel en s'accompagnant à la guitare.

Premiers émois

Vers quatorze ans, je suis en colonie dans les Ardennes belges, à Heer-Agimont près de Givet, dans une colonie qui s'appelle Les Sorbiers. C'est un petit Castelet entouré d'un grand parc au bord de la Meuse.

J'ai repéré une serre où il y a une acoustique exceptionnelle. L'après-midi au lieu d'aller jouer au foot avec mes petits camarades, je préfère chanter à tue-tête dans cette serre et j'ai déjà mon petit succès. C'est le début du twist et je m'époumone dans des twists endiablés bien que ce ne soit pas le genre de chanson que je préfère.

C'est comme ça que je tape dans l'œil de Nadine, une fillette de mon âge, en colonie comme moi. Nous tombons éperdument amoureux.

Nadine est dans un groupe de filles dirigé par une monitrice et moi dans un groupe de garçons dirigé par un moniteur. Par chance, cette monitrice a une aventure amoureuse avec mon moniteur. Sous couvert de leur amour, nous cherchons des endroits pour nous embrasser. Le décor de ce Castelet qui servait de décor à cette colonie de vacances était très romantique. Ce fut mon premier vrai grand amour. Je lui écrivais des poèmes d'amoureux transis.

Quelques années plus tard, lorsque je commençais à chanter, j'eus un engagement pour me produire dans cette colonie de vacances chargées de souvenirs, c'était très émouvant.

De retour à Bruxelles, c'est plus compliqué pour nous voir. Ses parents sont divorcés, elle habite avec sa maman. Parfois je me promène devant leur appartement, uniquement pour l'apercevoir passer à travers les rideaux de la fenêtre.

Une autre fois, je stationne devant la maison paternelle à Dilbeek (près de Bruxelles), espérant l'apercevoir. Tout à coup, j'ai la surprise de voir la voiture de son père déboucher de l'allée. Il me reconnaît, et après m'avoir engueulé, il va voir mes parents. Lorsque je rentre quelques heures plus tard, c'est ma « fête » ! À la maison, on ne plaisante pas sur ce sujet.

J'invente des tas de stratagèmes pour pouvoir nous retrouver. Parfois des lettres arrivent à la maison mais elles sont interceptées par mon frère Jean qui a ses bureaux au rez-de-chaussée de notre immeuble.

Toutes mes idées sont tournées vers Nadine. Un été, je passe quelques jours à Blankenberge, à la côte belge. Avec un copain, le soir, nous allons « draguer » les jeunes filles sur la digue. Mon pote drague tout ce qui passe, moi pas. J'étais amoureux. Mes parents nous mettent des bâtons dans les roues. J'en souffre beaucoup. Notre relation s'estompe doucement. Elle a néanmoins duré deux ans !

Lorsque plus tard j'ai commencé à chanter, je me produisais au Grenier aux Chansons à Bruxelles. Nadine était venue m'applaudir accompagnée de son fiancé. J'étais meurtri mais ne le montrais pas. Je n'ai plus jamais eu de ses nouvelles.

Aujourd'hui, je me demande ce qu'elle est devenue. Peut-être est-elle mariée, grand-mère, avec des enfants, des petits enfants… Quand je suis à Bruxelles, il m'arrive d'aller me promener dans ses quartiers, espérant peut-être l'apercevoir… en vain ! Ce fut mon premier amour, celui que l'on n'oublie jamais !

Je veux chanter !

Je veux « faire » le chanteur mais comment faire ? Il n'y a pas d'artistes dans mon entourage ni dans ma famille. Néanmoins, tout le monde s'accorde à reconnaître que j'ai une jolie voix. Ma sœur aussi chante bien. Lors des fêtes de famille du côté de papa, nous chantons en duo le tube de Gloria Lasso « Étrangère au paradis ». Seulement, cela ne l'intéresse pas et ne persévère pas.

Je suis comme une éponge. Dès que quelqu'un m'approche en parlant de chansons ou de chanteurs, j'ai l'ouïe qui frétille !

Madame Vansteenbeek, dont je fais les courses, a dans son entourage un jeune homme qui se prénomme Denis. Il est très sympathique. Il a entre dix-sept et dix-huit ans et se dit chimiste dans une usine voisine. Mes parents et moi étions très crédules.

Plus tard, nous apprendrons qu'il n'est que garçon de courses dans cette usine et qu'il vient à la maison surtout pour les beaux yeux de ma sœur Emma qui le regarde aussi avec des yeux de biche. Mais là n'est pas le propos.

Un jour, Denis vient à la maison avec les paroles d'une chanson italienne « Guarda che luna », un tube du moment. Je ne connais pas un mot d'italien mais il veut que j'apprenne cette chanson phonétiquement pour éventuellement me présenter à des gens de métier. Après quelques semaines, nous nous rendons compte qu'il ne connaît personne dans le métier.

Malgré les compliments des amis ou des voisins, jamais mes parents ni ma famille ne me disent qu'ils sont fiers ou contents de moi. Pour un enfant, c'est très important de se sentir aimé. Pourtant je suis persuadé qu'ils m'aiment à leur manière. Peut-être ne savent-ils pas comment me le dire ou me le faire comprendre. Je vois qu'à l'école, les parents de mes petits camarades sont fiers de leurs enfants. Cela vient peut-être de la vie dure que mes parents endurent.

Inconsciemment, c'est peut-être pour eux que j'aurais voulu réussir dans le métier, devenir une « vedette ». Pour leur prouver que j'ai eu raison d'essayer de réaliser mon rêve. Hélas, ils sont partis trop tôt et n'ont assisté qu'à ma naissance dans ce beau métier.

Mon frère Jean a douze ans de plus que moi, il m'apparaît plus comme un tonton. Il a bien réussi dans la vie : il a eu un bon métier, marié, deux filles et six petits-enfants. Il était l'exemple de la famille. Il n'a jamais beaucoup cru en mon « talent ».

Contrairement à mon frère Jean, j'ai beaucoup de complicité avec ma sœur Emma. Lorsque j'ai commencé à me débattre dans ce métier d'artiste, elle me soutenait, c'était ma complice. Elle s'est également très bien débrouillée dans la vie, elle a un mari, deux enfants, trois petits enfants.

Il n'y a donc que moi qui ai « fait » le saltimbanque. Je pense que je suis cela depuis toujours. Car comme l'a dit Sacha Guitry : « On ne devient pas artiste, on naît artiste, du verbe naître ». Ce qui fait que je ne suis peut-être pas aussi facile à élever que les deux autres.

Je veux être artiste… vous vous en rendez compte… artiste ! Ce n'est pas un métier mais c'est mon grand rêve, mon seul espoir, ma raison de vivre. Mes parents se demandent d'où me vient cette idée saugrenue (sotte et grenue, hihihhi !) Personne n'est artiste dans la famille. Quoique…

Mon grand-père paternel peignait à ses heures et avait un joli coup de pinceau. Comme je vous l'ai dit plus haut, maman chantait pas mal mais de là à en faire son métier…

J'ai mis tout en œuvre pour réaliser ce rêve. À part ma sœur complice, j'étais bien le seul à y croire. Je suis conscient de n'être pas doté d'un talent exceptionnel mais vivre mon « rêve » était ma seule ambition. J'ai fini par y arriver avec pas mal d'embûches mais j'y suis arrivé.

Malgré ces idées artistiques qui me travaillaient, j'eus une enfance assez heureuse. J'avais la tête pleine de chansons.

Je me souviens que, rentrant à pied de l'école, je chantonnais tout le temps. Je connaissais mieux les chansons en vogue que mes leçons. Pendant les récréations, j'allais chanter dans la cour des filles. Cela m'a été confirmé récemment par une dame de mon âge qui s'en souvient. J'ai eu mon succès en étant la petite vedette de la classe.

Je bégaie !

Pourtant j'ai depuis toujours un handicap, je bégaie. Avec les années, ça s'est un peu atténué mais je bégaie toujours. Plus tard, un médecin me confia que c'est peut-être à cause (ou grâce) à ce petit défaut que je chante. Pour prouver aux copains de classe que je peux me démarquer autrement.

Sur les marchés, des marchands ambulants vendent de grandes feuilles avec les paroles des chansons à la mode. Pour les vendre, le vendeur les chante souvent accompagné d'un accordéon. Les gens tout autour de lui les reprennent en chœur. C'est comme ça qu'on apprend les chansons en ce temps-là. À la maison, assis autour du poste de radio qui trône dans le salon, nous écoutons en famille les émissions de jeux et de variétés.

À quinze ou seize ans, j'ai beaucoup d'ambitions. Je ne doute de rien, je suis certain de devenir « quelqu'un ». Si au départ on n'y croit pas, on ne commence pas ce métier. On se contente alors de chanter dans sa salle de bain. Et l'âge venant on aura des regrets.

Les Gémini's

Maman a une amie d'enfance qui a un fils qui s'appelle Richard. Il est mon aîné de deux ou trois ans. Il joue de l'accordéon et de la guitare. Il m'apprend les rudiments du solfège et de la guitare. Très vite, sur deux ou trois accords, je commence à composer de petites chansonnettes sans prétention.

Dans ces années soixante, c'est la période yé-yé et les orchestres pullulent. Ils naissent à tout bout de champ. L'été, lors de la foire Bruxelles, je vais avec des copains frimer aux auto-tamponneuses en écoutant les sonos qui déversent à tue-tête les tubes du moment.

Richard fonde son orchestre : Les Gémini's. Ils répètent dans une cave dans mon quartier, j'y vais souvent et travaille mes petites chansons en attendant mon heure de me produire sur scène.

Accompagné de ma sœur Emma, je vais les applaudir dès que je peux, notamment à la salle « Le Régina » à Bruxelles où je ferai mes timides débuts avec l'orchestre de Richard. Mais ce sera pour dans quelques mois, pour le moment, je rêve et j'espère.

Le déclic se fait grâce au chanteur belge Robert Cogoi.

Robert Cogoi

Un soir, mes parents m'emmènent écouter Mouloudji à la salle de la Madeleine, à Bruxelles. Ce merveilleux interprète de « Un jour tu verras », « Comme un petit coquelicot » et surtout du « Déserteur ». Cette soirée fut pour moi une des plus importantes, car j'allais y rencontrer quelqu'un qui comptera beaucoup pour moi. Qui me mettra le pied à l'étrier.

Mouloudji ne représente pas grand-chose à mes yeux de môme de quinze ans. Nous sommes en pleine période yé-yé et je préfère les chanteurs de mon époque. Pourtant quelque vingt ans plus tard, j'eus l'occasion de chanter en première partie de son spectacle, à la « Soupe aux choux », un café-théâtre de Bourges et je fus évidemment conquis par ce grand artiste.

C'est lors de cette soirée à la Madeleine que je découvre Robert Cogoi, un chanteur belge qui se produit en première partie. Cette rencontre sera très très importante pour moi car Robert Cogoi me permettra de faire les tout premiers pas dans ce métier. Mais pour l'instant, nous n'en sommes pas encore là.

Il faut se rappeler ce que fut le « phénomène » Robert Cogoi en 1962/63 en Belgique.

Robert Cogoi est l'idole de toute la jeunesse belge au même titre qu'Adamo. Il écrit et compose de très jolies chansons dont certaines deviennent des tubes : « Si un jour », « Pardonnez-moi Seigneur », « Près de ma rivière », « Je m'sens très seul ». Au Québec « Je m'sens très seul » est un immense succès, elle fait partie des standards.

Robert Cogoi a un réel talent d'auteur-compositeur. Sa chanson « Mon pays noir » n'a rien à envier aux « Corons » de Pierre Bachelet.

Pendant l'entracte, je me rue dans les coulisses pour obtenir un autographe. Nous sympathisons. Je lui dis que je commence à écrire des chansons. Ça l'intéresse, il me demande de lui envoyer une de mes chansons. Comme prévu, quelques jours plus tard, je lui envoie une petite bande magnétique (il n'y a pas encore de cassettes) enregistrée chez mon copain Richard des Gémini's, sur laquelle j'ai enregistré mes petites chansons accompagnées à la guitare.

Robert Cogoi corrige mes textes et me conseille. Je vais le voir en concert et nous devenons plus intimes.

Au fil des semaines puis des mois, Robert et son épouse Mireille me prennent en amitié. Ils sont tous les deux très gentils avec moi.

Entre-temps, j'ai dix-sept ans. Les week-ends, Robert m'emmène assister à ses concerts à travers toute la Belgique et même parfois dans le nord de la France. Depuis les coulisses, je le regarde et apprends comment me servir d'un micro, comment capter l'attention du public, bref j'apprends le métier.

Très vite, je me rends utile en m'occupant de beaucoup de choses. Aussi bien du fan-club, de la sono, des éclairages et même des chœurs.

J'ai presque la même voix que lui, alors caché dans les coulisses, je le double dans certaines chansons. Les gens se demandent d'où vient cette seconde voix.

À la fin des concerts, je suis chargé de vendre les disques de Robert. Ces quarante-cinq tours et ces trente-trois tours, avec de belles pochettes cartonnées, me font rêver. J'espère avoir moi aussi plus tard des disques avec mes petites chansonnettes.

Robert Cogoi a mis en musique « La Voix », un poème de Henri de Regnier. Grâce à cette chanson, je commence à m'intéresser à la poésie.

Le samedi soir, Richard et son orchestre « Les Gémini's » animent des bals à Bruxelles ou en province. Parfois il me permet de chanter une ou deux chansons de ma composition ou de Robert Cogoi. Ce sont mes premiers pas de chanteur. Je ne récolte pas des triomphes mais je remarque que malgré ces ambiances de salles de danse, j'obtiens une certaine écoute.

Les « chœurs » avec Robert Cogoi plus mes chansons avec « Les Gémini's », c'est un bon début.

Service militaire

En 1966, j'effectue mon service militaire de douze mois. Je fais mes classes (deux mois de préparation) à Malines en Belgique. Le capitaine est fan de Robert Cogoi. De ce fait, j'obtiens des permissions tous les week-ends pour accompagner Robert dans ses concerts. Parfois, Robert vient m'attendre devant la caserne dans son merveilleux coupé Mercedes blanc, intérieur cuir rouge. Ça fait de l'effet. Le capitaine va lui serrer la main ou lui demander une dédicace.

Ensuite, je suis affecté à Aix-la-Chapelle en Allemagne pendant dix mois. J'ai trimbalé ma guitare. Mes copains de chambrée sont témoins et parfois juges de mes chansons. Ce qui quelquefois nous amène à des situations comiques.

Le tube du moment est « Girls », une chanson des Beatles. Chantée en français par Johnny Hallyday cela devient « Je l'aime ». Lorsque mes potes de chambrée en ont un peu marre de m'entendre, ils entonnent en chœur : « Ta gueule » *!* au lieu de « Girls ». C'est marrant !

Un jour, lors d'une permission, Robert Cogoi participe à une émission de télévision belge (RTBF) dans les anciens locaux de l'INR place Flagey à Bruxelles.

Il y interprète « 8 heures, 11 h 10, 15 h 23 ». Une chanson américaine de Rod Mac Kuen traduite en français par Eddy Marnay.

Elle parle d'un soldat qui revient de guerre, qui attend devant une gare un train pour n'importe où car toute sa famille a été disséminée. Belle chanson que j'enregistrerai à mon tour quelques cinquante ans plus tard !

Le réalisateur me demande de passer devant la caméra, sans que l'on voie mon visage car c'est interdit par l'armée. Je suis figurant sans visage. C'est encore la télé en noir et blanc. C'est mon tout premier passage à la télévision.

À cette émission participent également Dick Rivers et Théo Sarapo, chanteur sombre et triste, veuf d'Édith Piaf. Il y a surtout le sympathique Maurice Vidalin, auteur de chansons pour Gilbert Bécaud. Je suis admiratif et discute un peu avec lui. Avec le compositeur Jacques Datin, il a écrit quelques belles chansons, dont « Nous les amoureux », chanson gagnante de l'Eurovision 1960, interprétée par Jean-Claude Pascal.

En juillet 1966, Mireille et Robert Cogoi ont une petite fille prénommée Aurore. Ce joli prénom m'inspire un texte que j'intitule « Ballade pour Aurore ». Plus tard, je la transforme en chanson un peu naïve intitulée plus simplement « L'aurore » :

Contemplant ce paysage
Les oiseaux dans les feuillages
Le ciel bleu pour toile de fond
C'est l'aurore, c'est l'aurore d'un beau jour,
C'est l'aurore, c'est l'aurore d'un amour…

(L'Aurore' paroles & musique Jean Jacques Kira)

Je contacte Marcel Mortier, guitariste de jazz qui a accompagné Charles Trenet. Il met de l'ordre dans mes musiquettes et parraine mon inscription à la Sabam (Sacem belge).

Quelque temps plus tard, « L'Aurore » sera enregistré dans un studio de la Télévision belge (RTB) avec l'orchestre de Roland Thyssen. Quelques années plus tard, elle sortira sur un 45t, couplée avec « Sérénade » dont le texte est de Claudio Di Maggio, chanteur de l'orchestre « Les Gémini's ».

Ce premier disque passera complètement inaperçu. Il faudra qu'un jour de ressorte toutes ces vieilleries sur un CD.

Tonia

Dans mon quartier à Anderlecht, faubourg de Bruxelles, il y a Tonia, une jeune chanteuse de mon âge qui a participé en 1966 au Grand Prix Eurovision de la Chanson et s'est classée quatrième avec « Un peu de poivre, un peu de sel ». Elle est vedette et durant mon service militaire, mes copains de chambrée ont la photo dédicacée de Tonia dans leurs placards.

Tonia est jeune et jolie, elle possède une très jolie voix. Sur scène elle est dynamique et a beaucoup de punch. Elle a hérité du talent de sa maman qui était chanteuse aux Folies Bergères de Bruxelles.

Elle était très populaire et pourtant je trouve qu'elle ne fut pas très bien employée en Belgique. On ne lui donnait pas forcément les meilleures chansons. Par contre en Flandre et en Allemagne, elle fit une belle carrière. Je possède quelques enregistrements de standards américains où elle excellait.

Elle chantait quelquefois en première partie des concerts de Robert Cogoi et parfois en duo pour la télévision belge.

J'ai dix-huit ans et secrètement un peu amoureux d'elle mais ses parents « veillent au grain ». Parfois je vais planquer devant chez elle pour l'apercevoir quand elle part en concert, chaperonnée par ses parents.

Aujourd'hui, les années ont passé, nous sommes toujours amis et nous en rions !

Retour à la vie civile

À mon retour à la vie civile, comme mes parents ne sont pas riches, je suis obligé de travailler et c'est normal. Je suis embauché comme employé de bureau à la brasserie Moeremans, qui n'existe plus aujourd'hui.

Ensuite je travaille chez Semet, une société qui s'occupe d'emballages pour l'exportation. J'aime bien travailler dans cette entreprise familiale dirigée par Jacques Servais et sa tante. Ils sont très sympathiques et ont compris mes envies artistiques mais il faut tout de même que je bosse. J'écris les textes de mes chansons sur la machine à écrire mécanique du bureau.

Comme je m'occupe de son Fan Club, parfois Robert Cogoi vient me voir au bureau. Il sympathise avec les patrons et nous prenons le café ensemble.

Bien qu'il soit mon patron, je sympathise avec Jacques Servais. Parfois le samedi soir, il vient avec son épouse m'applaudir dans mes petites prestations débutantes et aussi dans les concerts de Cogoi.

À cette époque la plupart des chanteurs s'accompagnent à la guitare. Ce sont Félix Leclerc (le québécois) et ensuite Georges Brassens qui ont lancé cette mode. C'est un « temps que les moins de vingt ans ne peuvent pas connaître » !

Je suis très curieux de mes aînés. Kim Stéphane, chanteur belge d'origine russe s'accompagne à la guitare. Je l'admire beaucoup.

Le soir, il chante ses compositions dans un café-restaurant du centre de Bruxelles, devant un feu de bois. Je bave devant lui. Sans argent pour consommer, je bois ses beaux textes. J'ai commencé à écrire modestement quelques chansons et j'espère un jour écrire aussi bien que lui.

Le vendredi et samedi, Kim Stéphane se produit au Grenier Aux Chansons, un petit cabaret près de la Grand-Place de Bruxelles, où je ne vais pas tarder à me produire également. J'essaie de m'intégrer dans ce milieu de chanteurs qui me fascine.

Cours de chant

Voulant progresser dans ce métier, je suis simultanément des cours de chant chez deux professeurs qui ont chacun un style différent d'enseigner ou de prodiguer des conseils.

Je suis curieux et prends des conseils des deux côtés. Avec le temps, j'ai compris qu'à ses débuts, un artiste doit être un peu voleur et puiser de tous les côtés ce qui formera son talent et sa personnalité.

- Il y eut tout d'abord Michette Lelong du Tremplin de la chanson.

Elle a composé des musiques dont certaines ont fait le tour du monde comme « Toute ma vie », chantée par le duo Varel et Bailly.

Son heure de gloire est d'avoir conseillé et accompagné une certaine Patricia Carli qui à Paris fait carrière. Tout d'abord avec son tube « Demain, tu te maries » et ensuite en tant qu'auteure de chansons pour beaucoup de chanteurs en vogue : Daniel Guichard « La tendresse », Mireille Mathieu « Pardonne-moi ce caprice d'enfant », David-Alexandre Winter « Oh Lady Mary », Dalida, Christian Delagrange et tant d'autres.

En 1975, à mon arrivée à Paris, sur recommandations de Michette, je téléphone à Patricia Carli. Elle m'envoie sur les roses !

Au Tremplin, je croise de jeunes aspirants vedettes comme moi. Des garçons mais aussi des filles dont nous sommes tous un peu amoureux. Je chante en duo avec une certaine Gigi des chansons de Jean-Jacques Debout et même une chanson équivoque contant les aventures d'un représentant en aspirateur !

Certains d'entre nous sont uniquement interprètes et Michette Lelong nous conseille dans le choix de nos chansons. D'autres, tels que Jean Veja, André d'Anjou ou moi écrivons nos propres chansons.

Plus tard, Jean Veja me rejoindra à Paris où il fera une carrière de pianiste-accompagnateur. Il décédera prématurément en 1983.

Avec mon pote André d'Anjou, j'ai écrit deux ou trois chansons. Après quelques disques, il deviendra avec succès, éditeur de musique puis administrateur de la Sabam (équivalent de la Sacem). Il nous a quittés en 2020.

Je fais connaissance de Mireille Bastin, une comédienne qui écrit des textes de chansons. J'ai mis en musique une dizaine de ses textes dont « Sans Bruit » qui me suivra pendant des années et que je chante encore aujourd'hui.

- Ensuite il y eut Camille Biver, qui dirigeait le « Petit Laboratoire des Variétés ».

Dans les années cinquante, Camille Biver et son épouse la poétesse Georgette Noguet, avaient créé le cabaret « Le Coup De Lune » où s'étaient produit Jacques Brel à ses débuts, ainsi que Paul Louka, Julos Beaucarne, etc.

Camille était poète-auteur-compositeur-interprète. Il nous conseillait dans l'écriture de nos « œuvres ». Il était également cinéaste et ramenait de ses voyages dans le Maghreb de beaux reportages qui étaient diffusés par la télévision belge.

Dans ce cours, il y a surtout des auteurs-compositeurs-interprètes qui s'accompagnent à la guitare. Comme eux, je m'accompagne à la guitare et quelques fois avec des bandes orchestres.

C'est là que je rencontre Jean-Marie Dohan, merveilleux guitariste, qui plus tard écrira la plupart de mes orchestrations. Mais nous n'en sommes pas encore là.

Je me souviens de Francis Sourgeev, futur Jacques Segers, participant à l'Eurovision 1984, avec qui j'ai écrit une ou deux chansons. Il y a aussi Bruno Brel, le neveu de Jacques, qui écrit déjà de très belles chansons. Nous sommes très amis. Il viendra plus tard me rejoindre en France.

Beaucoup d'autres aspirants vedettes ont abandonné ou sont oubliés dans les couloirs du temps.

Grâce à Camille Biver, je rencontre Maurice Carême, merveilleux célèbre poète belge. Avec d'autres artistes du Petit Laboratoire des Variétés, nous faisons un concert en première partie ce poète dans un tout petit théâtre de Bruxelles, le Théâtre de Poche, je crois.

Parfois Camille Biver nous emmène en « galas ». Notamment une tournée en Allemagne. Nous chantons dans les casernes de l'armée belge qui était encore cantonnée dans ce pays.

Premiers concours

Avec mes premières chansons, je participe à des concours de chant. À l'époque on dit des « crochets ». Depuis la découverte au « Jeu de Chance » à l'ORTF, de Mireille Mathieu et ses débuts fulgurants, ils fleurissent un peu partout en Belgique. Je tente l'expérience du « Jeu de la chance » en envoyant une cassette à l'ORTF en France, hélas, j'arrive trop tard, l'émission est abandonnée.

Pour une éliminatoire au Festival d'Obourg près de Mons en Belgique, j'interprète « Au Jardin de la Mère », une chanson que m'a écrit Bruno Brel qui m'accompagne à la guitare.

Je ne gagne pas toujours à ces concours de chant mais j'en remporte tout de même quelques-uns. Ainsi, je suis finaliste du Festival d'Obourg (Mons) et « La Clé d'Or 1968 de la chanson » à Mons également, que je remporte avec ma chanson « L'Aurore ».

Très souvent, je suis accompagné à la guitare par Jean-Marie Dohan. Il joue merveilleusement bien de la guitare et compose de belles musiques. Bien qu'autodidacte, il fait des études musicales assez poussées et grâce aux conseils prodigués par Jack Say chef d'orchestre de la télévision belge, il fait très vite d'énormes progrès.

Au printemps 1970, je participe aux « Automnales de la Chanson » à Bastogne dans les Ardennes belges. Organisé, par Angèle Guller, une personnalité importante dans la chanson belge. Dans les années cinquante, elle a fait débuter Barbara en Belgique. Je suis classé deuxième derrière Joffroi, un chanteur belge.

Anne Sylvestre et Barbara passent en vedettes.

Je suis surtout impressionné par Barbara. Par ses chansons mais également par sa personnalité. Elle déambule dans les coulisses tout habillée de noir, lunettes sur le nez. Elle me fait penser à un corbeau. Elle marche d'une façon bizarre, comme si elle dansait. Elle a une telle personnalité et une telle « aura » que personne n'ose lui adresser la parole. Je l'aimais déjà sur disque mais quand je la découvre sur scène, j'ai un choc. Quel Talent !

Quelques années plus tard, j'assiste au concert de Barbara à l'Olympia. Puis à son dernier spectacle « Lily Passion » avec Gérard Depardieu au Zénith de Paris.

Le Grenier aux Chansons

Les week-ends, j'essaie de trouver des engagements dans de petits cabarets à Bruxelles ou en province. Le Grenier aux Chansons, qui n'existe plus aujourd'hui, était un minuscule cabaret, près de la Grand-Place de Bruxelles, au premier étage d'une maison particulière. Il était dirigé par Jane Tony, une comédienne qui déclamait admirablement des textes et des poèmes. Elle aimait les artistes, ça se sentait. Elle tenait à bout de bras ce minuscule cabaret de vingt-cinq places maximum.

Le Grenier aux Chansons était une vraie fourmilière d'aspirants chanteurs. Nous sommes une bande de jeunes gens pleins de courage et d'insouciance.

La plupart du temps, nous écrivons nos propres chansons. Je me souviens de Daniel Mignolet, de Suzanne Ferry, de Claude Semal, d'Irène Deneuville avec qui plus tard j'écrirai une douzaine de chansons.

Je me souviens également d'Ann Gaytan qui chante toujours. Ann est une talentueuse auteure-compositrice-interprète, « fille spirituelle » de Léo Ferré, qui m'impressionnait beaucoup.

Andrée Simons

Il y a également Andrée Simons que je retrouverai à Paris quelques années plus tard.

Andrée Simons est auteure-compositrice remarquable qui écrit de superbes chansons. Je possède tous ses albums.

Déjà toute jeune, elle avait tout compris. Dès l'âge de seize ans, avec Freddy Segers et Claude Lombard, elle faisait partie d'une bande d'artistes qui se produisaient au cabaret « La Cantilène » à Bruxelles. Elle écrivait de superbes chansons. Ses textes traitaient de choses réelles et profondes de la vie. Elle était très sensible, elle avait tout compris sur le désastre du temps qui passe.

À Paris, dès que nous en avions l'occasion, accompagnés de Jean Vallée qui l'appréciait beaucoup également, nous nous régalions à assister à ses tours de chant dans une petite cave de l'île Saint-Louis.

Elle se suicida au début des années quatre-vingt. Quel gâchis ! Avec le recul, je comprends son petit visage pâle et triste.

Si vous en avez l'occasion, allez retrouver les chansons d'Andrée Simons sur YouTube.

Maurane

Plus tard, habitant Paris, je reviens chanter au Grenier aux Chansons. Une toute jeune chanteuse d'une quinzaine d'années chante dans ma première partie. Elle se nomme Claudy Claude. Bien que très jeune, elle a déjà beaucoup de talent.

Deux ou trois ans plus tard, je chante au cabaret le « Tir'Bouchon » à Montmartre. Je croise Claudy Claude qui entre temps se fait appeler Maurane. Elle a sorti son premier trente-trois tours chez Saravah (Pierre Barouh). Elle démarre la carrière que l'on sait. Elle ne semble pas (ou ne veut plus !) se souvenir qu'elle avait chanté dans ma première partie à Bruxelles !

En attendant de prendre mon véritable envol, je vais le plus souvent possible au Grenier aux Chansons, soit pour y chanter, soit pour écouter mes collègues.

Un dimanche soir, je vais au Grenier aux Chansons pour accompagner à la guitare mon copain André d'Anjou qui passe une audition. André d'Anjou n'y chanta jamais. Je suis engagé pour le programme de la semaine suivante.

J'arrive à me faire engager dans de petits galas organisés par un certain Jacques Sadoine et décide d'agrandir ma petite formation musicale de trois autres musiciens : Jean-Marie Maximilien pianiste talentueux, fou de Léo Ferré, Viviane Fleury flûtiste et Jacky Coenen guitariste. Nous formons à présent un petit groupe de cinq musiciens.

J'écume les clubs et cabarets bruxellois : « Le Chat Écarlate », « l'Archange », « l'Os à Moelle », etc., etc. J'ai mon petit succès. Les engagements s'enchaînent. Je me produis au « Sainte Catherine », une taverne des temps anciens, dont le patron Émile Schoolmeester a mon âge. Plus tard il m'aidera en finançant la sortie d'un 45 tours.

Quelquefois nous faisons les premières parties de vedettes belges confirmées telles que Jacques Hustin ou Robert Cogoi.

Je me souviens avoir chanté à Dampremy dans la région de Charleroi en première partie de David-Alexandre Winter, créateur de « Oh Lady Mary ». David-Alexandre que je retrouverai des années plus tard à Montréal.

Jean-Marie Dohan, qui est ma mémoire, affirme que nous avons fait la première partie de Serge Lama à la salle « Les Chiroux » à Liège. Ce devait être vers 1969. Je ne m'en souviens pas, faut dire qu'il était moins connu que maintenant, du moins en Belgique.

Festival de la chanson française de Spa 1971

Fin 1970, au théâtre du Trocadéro à Liège, je participe aux éliminatoires du prestigieux « Festival international de la Chanson française » qui aura lieu au Casino de Spa (Belgique) début juillet 1971. Je suis sélectionné. C'est très important pour moi mais je ne le sais pas encore.

Ce Festival retransmis en direct simultanément à la radio et à la télévision belge va changer ma vie et sera un premier grand pas dans ce fabuleux métier de chanteur.

Il se dispute depuis 1965 entre les pays de langue française : la France, la Suisse, le Canada et la Belgique.

Les années précédentes, deux belges ont remporté le grand prix : Jacques Hustin en 1965, avec sa chanson « La Gavroche » et Jean Vallée en 1966 avec « Sur les quais ». Le québécois Robert Charlebois l'a remporté en 1969 avec « Lindberg » en duo avec Louise Forestier.

En 1971, le jury, composé de représentants des radios et télévisions des cinq pays de langues françaises, est présidé par Henri Salvador et Lucienne Boyer créatrice de « Parlez-moi d'amour », premier Grand Prix du Disque 1932.

L’orchestre est dirigé par le sympathique Jo Carlier. Jean-Marie Dohan est fier que ses arrangements soient joués par un grand orchestre.

Pour les connaisseurs : il y a le merveilleux Roland Thyssen au piano et Jo Van Wetter à la guitare. Jo est le talentueux compositeur du tube international « La Playa ». Modestement, il accorde ma guitare.

En plus, il y a une section de cordes et de cuivres, ainsi qu’un trio de choristes : « Les Nanas », composé entre autres de Claude Lombard et d'Annie Gérard.

Claude Lombard

Petit flash-back : Claude Lombard, choriste renommée en Belgique pour toutes les vedettes, a sorti trois albums de ses propres compositions et représenté la Belgique à l'Eurovision en 1969 avec sa chanson « Quand tu reviendras ».

Elle faisait partie du trio Andrée Simons, Freddy Segers et Claude Lombard, qui se produisait au cabaret La Cantilène à Bruxelles à la fin des années soixante-dix

Plus tard, elle sera la choriste attitrée de Charles Aznavour et ce pendant trente-quatre ans, avec qui elle fera le tour du monde.

En plus d'Aznavour, elle prêtait avec succès sa voix aux dessins animés de Dorothée et autres mangas japonais.

Après le décès d'Aznavour, elle décide de reprendre le tour de chant. Nous ne sommes pas amis intimes mais suite à des enregistrements, Festival de Spa, etc., etc. dès que j'en ai l'occasion je vais l'applaudir.

Le 15 septembre 2021, elle donne un tour de chant sur une péniche amarrée aux bassins de la Vilette à Paris. Je vais l'applaudir. À l'issue de son concert, nous partageons le verre de l'amitié. Le lendemain, elle est victime d'un AVC et s'endort pour toujours le lundi suivant. Elle n'avait que 76 ans…

Revenons au Festival de Spa 1971.

Il y a trois soirées éliminatoires et une finale, le tout présenté par Claude Chebel de l'ORTF. Chaque pays est représenté par cinq candidats. En cette année 1971, je me souviens de quelques candidats :

- Pour la Suisse : Jean Pierre Ska ;
- Pour la Belgique : Alex Busanel, Jean Veja, Guy Lukowski, Nicole Jacquemin et moi-même ;
- Pour le Canada : Jean-Marc Perron ;
- Pour la France : Marie (merveilleuse interprète de « Il ne faut jamais sourire d'un enfant ») qui nous a quittés au milieu des années quatre-vingt.

Jeanie Benett une chanteuse américaine qui habitait en France. Pascal Auriat qui nous quitta également dans les années quatre-vingt (futur compositeur de « Il venait d'avoir dix-huit ans » sur un texte de Pascal Sevran pour Dalida et producteur de Linda de Suza).

Catherine Leforestier (accompagnée à la guitare par son frère Maxime).

Jean Pierre Savelli (futur Peter de Peter et Sloan).

Jean-Louis Foulquier (futur animateur sur France Inter et créateur des Franco Folies de La Rochelle)

Je présente trois chansons dont j'ai composé les musiques : « Sans Bruit » paroles de Mireille Bastin, « De Quoi Vous Parlerais-je ? » et « Un jour » paroles d'Irène Deneuville. Jean-Marie Dohan m'a fait de superbes orchestrations.

Contre toute attente, je termine premier de la finale belge. Je suis le seul artiste belge qui n'a pas de maison de disques, les autres candidats sont accompagnés de leurs directeurs artistiques, moi… de Jean-Marie Dohan, c'est tout, mais je suis en finale, le SEUL Belge !

Donc le lendemain, je concours en finale internationale avec Catherine et Maxime Le Forestier, Marie, Pascal Auriat, etc… Ça se déroule dans la grande salle du Casino de Spa (800 places) retransmis en direct simultanément à la télévision et à la radio.

Étant en plein dans la situation, je ne me rends pas compte de l'importance. J'ai le trac, mais sans plus. Maman m'a dit que papa était livide devant la télé, il avait le trac pour moi. C'est à partir de ce moment-là que mes parents ont commencé à y croire, à mon rêve.

À l'issue de cette finale, les prix sont attribués très équitablement :

- Premier Grand Prix : Catherine Le Forestier pour sa chanson « Au pays de ton corps » ;
- Deuxième prix : Marie pour sa chanson « Il ne faut jamais sourire d'un enfant » ;
- Troisième prix : Pascal Auriat.

Et moi derrière avec ma chanson « Sans Bruit ».

Il faut que je vous raconte une histoire assez abracadabrante :

Nous sommes trois ans après les événements de mai 68. Ma chanson « De quoi vous parlerais-je ? » est tout à fait dans l'air du temps. Un peu contestataire, contre la guerre du Vietnam, contre toutes violences.

Je vous parlerais de Franco
Et vous le trouveriez sublime
Quand j'aurai dit par un seul mot
Ce que je pense du régime
Mais qui n'a pas son p'tit Vietnam
Sa petite guerre civile
Un peu plus ou moins de réclame
Ça rend la conscience tranquille…

(« De quoi vous parlerais-je ? »

Paroles : Irène Deneuville
Musique : Jean Jacques Kira

Quelques heures avant cette finale, Lise Roland directrice artistique du Festival, vient me trouver en coulisses. Elle me conseille de ne pas chanter cette chanson qui fustige entre autres le général Franco. Étant donné que la reine Fabiola de Belgique est espagnole, ma chanson risque d'être interdite à la radio et à la télévision.

Du haut de mes 24 ans, je me range à son avis. Je pense que si j'avais chanté ma chanson, j'aurais été mieux classé en finale. La veille, lors de la finale belge, cette chanson avait obtenu des applaudissements nourris par le public. Henri Salvador, président du jury, s'était même levé pour m'applaudir.

Quelques années plus tard, avec plus d'expérience et de maturité, j'aurais refusé ce marché de dupes et fait scandale.

Néanmoins, le côté positif de ce festival qui durait trois soirées, ce fut d'approcher en coulisses et de voir sur scène des artistes qui me faisaient rêver lorsque je les voyais en télé : le chanteur suisse Henri Dès, Julien Clerc et Michel Polnareff qui chantait à tue-tête « Je suis un homme ». Il faut dire qu'à cette époque il était un peu efféminé.

La « Caméra d'Argent »

Cette mini-victoire me donne l'occasion de participer à « La Caméra d'Argent », sorte de « The Voice » avant l'heure, diffusée chaque semaine en direct à la RTBF. Les téléspectateurs doivent écrire pour sélectionner leurs chanteurs favoris.

J'arrive jusqu'en demi-finale avec mes compositions, dont « Sans Bruit » et « La Source ». Je chante également « De quoi vous parlerais-je », la chanson polémique de Spa.

C'était magique à cette époque, il y avait encore de grands orchestres à la télévision. En France, c'était Raymond Lefèvre pour les émissions de Guy Lux. En Belgique, c'était Jack Say avec qui j'étais très ami. C'est extraordinaire d'être accompagné par un orchestre d'une quarantaine de musiciens. Dommage que tout cela n'existe plus.

Aujourd'hui même pour l'Eurovision, sans orchestres, parfois j'ai un doute... est-ce que les chanteurs chantent en direct ou en play-back ?

« Sans Bruit » et « Concerto en Do majeur » sur 45 tours

Dans la foulée, j'enregistre un disque 45 tours avec « Sans Bruit » et « Concerto En Do majeur » paroles de Jean-Marie Maximilien, musique de Jean-Marie Dohan qui avait composé un superbe arrangement pour un orchestre de vingt-sept musiciens : section de cordes et de cuivres, ainsi qu'un trio de choristes « Les nanas », avec Claude Lombard.

Le tout enregistré sur deux pistes : une pour tout l'orchestre et l'autre pour le chanteur.

Le véritable artiste était le preneur de son qui savait où positionner ses micros. Plus près pour la flûte piccolo, au milieu pour les cordes, plus loin pour les cuivres et au fond et plus loin pour la batterie. À présent avec la multiplication des pistes, il faut 32 voire 48 pistes pour quelques musiciens !

Je pensais que cela allait être le grand départ hélas ce ne fut qu'un balbutiement !

Je deviens artiste professionnel !

Quelques mois plus tard, je décide de tenter le coup. Je quitte mon travail de bureau pour ne me consacrer qu'à la chanson.

Lorsque le week-end, je ne chante pas en Belgique, je pars à Paris. Je traîne avec ma guitare de Montmartre à Saint-Germain. Je côtoie des jeunes comme moi pleins d'espoirs et de rêves. Nous chantons parfois toute la nuit. Dormant à gauche ou à droite, chez des gens de rencontre. Je me souviens avoir « squatté » le premier étage du cabaret « L'Échelle de Jacob » où je m'étais faufilé pour y passer la nuit avant de rentrer en Belgique.

Quelle époque formidable faite d'espoirs et d'insouciance. Surtout… nous avions 20 ans ! Je ne rêvais que pour chanter.

En 1972, je ne sais pas que je vais devoir attendre encore trois ans avant de m'expatrier à Paris.

« La Source » et « La Fille Sauvage » en 45 tours

Très vite, j'enregistre un second 45 tours dont j'ai composé les mélodies : « La source » texte de Mireille Bastin et « La Fille Sauvage » texte de Camille Biver.

Sur cet enregistrement Claude Lombard est plus qu'une choriste, c'est presque un duo. Les arrangements sont signés exceptionnellement par Jacques Say et Willy Mortier. Ce 45T n'a pas plus de succès que le précédent, par contre je commence à acquérir un certain public. Des gens me suivent lors de mes concerts.

Pour les gens du « métier », j'ai toujours été ringard mais pour le public je commence à exister. De toute façon, ce sera toujours un problème : je n'intéresserai que rarement les producteurs de disques ou de spectacles. Je ne pourrais pas vous dire le nombre de refus que j'ai essuyé lors d'auditions dans les maisons de disques. Par contre, en concerts je remarque que le public semble m'apprécier.

C'est pour cette raison que depuis le début des années quatre-vingt-dix, je produis moi-même mes disques.

Papa…

Dans les années cinquante, suite à l'incendie qui a ravagé l'atelier de papa, il a été obligé d'arrêter ses activités de chocolatier et fut contraint de travailler à l'usine, où il exerça un métier qu'il n'aimait pas du tout mais courageusement pour subvenir aux besoins de sa famille, il courbait l'échine.

En 1974, papa n'est plus en très bonne santé. Il a fait un AVC et est à moitié paralysé. Comme il est assez frileux, mes parents chauffent au maximum grâce à un poêle à charbon. Le 5 septembre 1974, suite à une fuite de gaz de ce poêle (monoxyde de carbone), papa et maman sont intoxiqués. Papa décède immédiatement mais maman survécut encore de nombreuses années. De ce fait, papa ne connut pas mon départ pour Paris.

Dalida

Comme je vous l'ai expliqué plus haut, je suis depuis toujours fan de Dalida. J'ai eu beaucoup de chance.

Mes petits copains de classe de la fin des années cinquante qui étaient fans d'Elvis Presley ou de Paul Anka ne les ont jamais rencontrés. Alors que moi quelques années plus tard, j'ai eu la chance non pas d'être ami intime avec elle mais du moins nous nous connaissions.

Dès que sortait un film avec Dalida, je me ruais au cinéma. Il y eut « Parlez-moi d'amour » en 1961 et « L'inconnue de Hong-kong » en 1963.

Je collectionne tous ses disques. Je possède la collection complète en vinyle en français bien entendu. Mais également en langue étrangère.

Les chansons de Dalida sont loin du genre de chansons que je chante ou que j'écris mais je suis toujours sous son charme lorsqu'elle passe à la télévision ou à la radio.

Dans les années quatre-vingt, il est un peu ringard d'être fan de Dalida. Pourtant elle était adulée dans le monde entier. Elle chante bien mais c'est un euphémisme, des millions de gens dans le monde sont d'accord avec moi. Je trouve qu'elle dégage quelque chose de spécial, d'indescriptible.

Quelques dizaines d'années plus tard, je n'ai pas changé d'avis. J'écoute des chansons gaies de Dalida quand je suis gai et des chansons tristes quand je suis mélancolique.

Dans les années soixante, j'essaie de la rencontrer lors de ses concerts à « L'Ancienne Belgique », grand music-hall bruxellois. Je lui envoie mes premiers 45 tours et elle me répond gentiment.

Étant fan depuis ma plus tendre enfance, forcément elle finit par me reconnaître. Je suis membre de son Fan-Club et peut-être son plus grand fan belge. Elle était toujours très gentille avec moi.

En 1972, j'ai écrit avec Mireille Bastin une chanson qui s'intitule : « La Source ». Mes amis et musiciens me disent que cette chanson irait très bien à Dalida. Avant de l'enregistrer moi-même, je décide d'aller la voir à Paris, à son domicile montmartrois et de lui remettre une bande magnétique avec mon « Œuvre ».

Nous sommes au printemps. Je passe par l'entrée de service rue Lepic, je sonne et c'est elle-même qui m'ouvre, ravissante avec ses longs cheveux blonds et une robe rouge.

Elle aime bien ma chanson mais s'excuse de ne pouvoir me recevoir car elle attend du monde. Je rentre à Bruxelles.

Malgré plusieurs coups de fil et un échange avec Rosy sa cousine et secrétaire, je n'ai jamais eu de nouvelles. Pour qu'elle interprète ma chanson, il aurait fallu que j'insiste et surtout que j'habite Paris. Elle était entourée de ses auteurs habituels et il n'y avait pas de place pour un débutant comme moi !

En 1973, il se produisit un incident qui faillit mal se terminer :

Je me rends à l'enregistrement de l'émission « Chanson à la carte », dans les studios de la télévision à Bruxelles. Dalida doit y interpréter « Parle plus bas », chanson du film « Le Parrain ». Mon ami Robert Cogoi y chante également une chanson.

Je ne participe pas à l'émission, je suis simplement venu assister à l'enregistrement car il y a Dalida et Cogoi. Dalida arrive accompagnée de son compagnon, Richard Chanfray, comte de Saint-Germain.

En ce temps-là, Mireille Cogoi épouse de Robert, n'appréciait pas spécialement Dalida et me charriait souvent à ce sujet.

Le public est assis dans un décor en rond sur des poufs. J'avais fait un pari stupide avec Mireille : je pariais que si elle laissait une place libre à côté d'elle, Dalida viendrait s'asseoir à ses côtés. Et c'est ce qui se produit. Sa chanson terminée, Dalida vient s'asseoir à droite de Mireille. Moi en dehors du décor, j'éclate de rire en montrant Mireille du doigt.

Richard Chanfray pense que je me moque de Dalida. Il est fou de rage, s'approche de moi, désireux de me casser la figure. Il m'empoigne et veut m'aplatir le nez. Nous sommes séparés tant bien que mal par les cameramans.

Après l'émission, je rejoins Robert Cogoi dans sa loge située juste à côté de celle de Dalida. Nous sortons tout penauds de la loge craignant de tomber sur Dalida et son Comte. Juste à ce moment-là, Dalida sort avec Saint-Germain. Je crois que je vais passer un mauvais quart d'heure.

Dalida ainsi que Saint-Germain me font un grand sourire. Elle me fait la bise et Saint-Germain une franche poignée de main. Je suppose qu'elle a dû le calmer en lui expliquant qu'elle me connaissait. Que j'étais peut-être son plus grand fan en Belgique et que par conséquent, qu'il était impossible que je me moquasse d'elle.

L'incident était clos mais j'avais eu chaud.

Quelques années plus tard, lorsque j'habiterai Paris et que je chanterai à Montmartre, je croiserai quelques fois Richard St Germain dans le petit tabac rue Lepic, au pied de l'immeuble de Dalida. Il m'arrivera souvent de boire un café avec lui sans jamais évoquer ce petit incident.

Il était très sympa, me parlant de Dalida et j'étais content.

Je croisais aussi parfois Orlando, le frère cadet de Dalida, mais le courant n'est jamais passé entre nous. Mieux : il fait semblant de ne pas me connaître mais je m'en fiche.

Un jour, Dalida m'invite à participer avec Plastic Bertrand à « Basket », une émission de radio sur présentée par Jean-Lou Lafont dans le grand studio public d'Europe1.

Je chante ma chanson « Sans Bruit », Dalida chante « Salama ya Salama » et Plastic « Ça plane pour moi ».

Lors de cette émission, je remporte un petit jeu tout simple. Elle demande une paire de ciseaux, se coupe une mèche de cheveux et me la donne sous les cris et applaudissements des fans jaloux. J'en fais cadeau à un admirateur. Je n'ai jamais été fétichiste de Dalida. J'aimais, et j'aime toujours, le personnage et ses chansons, c'est tout.

Au moment de sortir d'Europe1, Plastic Bertrand file sans même nous dire au revoir (c'est ça les stars !)

Je sors avec Dalida. Dans le sas d'entrée, nous croisons Johnny Hallyday. Il fait la bise à Dalida. Elle me présente. Je suis un peu intimidé. Johnny très sympathiquement me serre la main en disant : « Bonjour Kira » de sa voix grave et chaude. J'ai tout de suite senti que ce gars était sympa.

C'est la seule fois que je vois Johnny d'aussi près. Plus tard, j'ai assisté à deux de ses fabuleux concerts.

Au hasard de mes concerts dans les cabarets de province ou à Paris, j'ai souvent croisé Dalida. Je me suis même retrouvé en première partie de son concert dans les arènes de Nîmes en 1975.

Déjà en 1972, puisque j'avais été finaliste du Festival de la chanson française à Spa l'année précédente, je fus choisi pour chanter quelques chansons en première partie de la vedette de la soirée : Dalida. Le rêve !

Je n'ai jamais cherché à la rencontrer, ça se faisait naturellement pour mon plus grand plaisir.

Un soir de 1977, lors d'une série de concerts à l'Olympia, j'attends rue Caumartin à l'entrée des artistes, l'arrivée de Dalida. Elle arrive en taxi. Il pleut à torrents, je lui prête mon bras et mon parapluie. Je suis fier ! Elle me fait entrer par les coulisses et j'assiste au concert de profil à quelques mètres de la scène. Ensuite, après son concert, elle me reçoit dans sa loge avec d'autres admirateurs.

Sa disparition en mai 1987 me bouleverse au plus haut point.

Un mois avant donc au mois d'avril, je chante pendant tout le mois dans un cabaret en Corse, à Bastia. Je lis dans la presse une interview de Dalida où elle dit avoir réussi sa carrière mais raté sa vie de femme. Pour essayer de lui remonter le moral, je lui écris une lettre. Lui expliquant qu'elle a tout de même réussi brillamment sa carrière. En comparaison, je ne suis pas vedette et toujours célibataire. Elle ne m'a pas répondu.

Dimanche 3 mai, je suis dans ma chambre d'hôtel à Clermont-Ferrand car le cabaret où je me produis fait relâche. Tout à coup, flash spécial à la télévision : « Dalida s'est donné la mort, on l'a trouvée décédée à son domicile parisien ».

Tout d'abord, je n'y crois pas. Je téléphone à Jean Vallée à Paris, Roland Ribet était leur imprésario. C'était donc vrai !

Comme beaucoup de gens de son entourage, j'ai toujours su que cela finirait comme ça. C'était inéluctable. Surtout qu'elle avait déjà fait une tentative, vingt ans plus tôt.

Lorsque je croisais Dalida, en public elle était toujours souriante mais dès que les lumières s'éteignaient ou qu'elle se croyait seule, pas épiée, elle devenait triste.

Ainsi vers 1983, à la sortie d'une émission de télévision publique où elle avait été radieuse comme d'habitude, elle sort par la petite entrée des artistes où quelques personnes l'attendent pour une dédicace. Elle porte de grosses lunettes noires. Pour dédicacer elle enlève ses lunettes et là, je vois une femme triste à mourir, comme si elle portait toute la misère du monde sur ses épaules. Des enfants viennent lui faire la bise et je remarque quelques larmes au creux de ses yeux.

Le jeudi 7 mai, après une nuit de travail au cabaret, je prends le premier train pour Paris afin d'assister aux obsèques de Dalida en l'église de la Madeleine.

Il y a une foule considérable. Les Parisiens sont venus rendre un dernier hommage à Dalida. Aux abords de la Madeleine, les rues sont bondées, Jacques Chirac maire de Paris ayant décrété jour de deuil pour les Parisiens.

J'arrive avec Annie Cordy et Jean Vallée par la rue Royale bordée de barricades. Une dame en pleurs reconnaît Annie, lui tend un petit bouquet de violettes pour mettre sur le cercueil de Dalida.

Nous pénétrons dans la nef pleine à craquer. Organisé de main de maître par Orlando comme une première de l'Olympia, tous les « people » sont là. Les amis aussi, les vrais et les faux. Même ceux qui encore quelques semaines avant la décriaient (et j'en connais mais je ne dirai pas les noms) Car dans ces années-là, c'était un peu ringard d'être fan de Dalida !

Il y a Alain Delon très affecté derrière ses lunettes noires, Sheila, Guy Lux, Eddie Barclay, Jack Lang ministre de la Culture, Pascal Sevran, Hervé Vilard, etc., etc. Je suis placé à côté de Jeanne Manson la créatrice de « Avant de nous dire adieux ».

Après l'office à la Madeleine, je n'ai pas le cœur d'aller au cimetière, je me contente de déjeuner tristement avec Enrico Macias et Jean Vallée. Ensuite, je reprends mon train pour Clermont-Ferrand où je me produis le soir même.

Je dois vous préciser que je n'étais pas ami intime de Dalida, elle me connaissait, point. Et j'en étais très heureux. Je n'ai jamais cherché à m'immiscer dans sa vie privée.

Quand des célébrités disparaissent, comme par enchantement, bien des gens se disent « ami » avec cette personne. À part Dany Saval (épouse de Michel Drucker), Jean Vallée et Annie Cordy, des artistes que j'ai côtoyés plus « familièrement », j'ai peu d'amis intimes dans ce métier.

Tout ce petit monde s'embrasse et pourtant ce milieu n'est fait que de médisance et de jalousie.

Quelques années après son départ, je passe une audition au Don Camilo. Roland Berger, le professeur de chant de Dalida s'occupait vaguement de la programmation. Je n'ai pas été engagé mais j'ai fait plus ample connaissance avec Roland Berger. C'était un illuminé, un fou, animé par le talent des autres. Il me parlait de Dalida, me racontait ses débuts lorsqu'elle venait chez lui dans son petit local, pour prendre des conseils et des cours, avant que sa carrière démarre. C'est lui qui lui trouva en 1956, ses premiers engagements à la Villa d'Este et au Drap d'Or.

Après ce clin d'œil en hommage à Dalida, revenons quelque peu en arrière et ma rencontre très importante avec Jean Vallée.

« La Vague »

« La Vague », grande et belle chanson que je chante encore aujourd'hui dans tous mes spectacles, écrite et composée par Jean Vallée, lauréat du Festival de Spa en 1966. Elle m'avait tout de suite interpellée tant par son écriture que par l'interprétation de Jean Vallée. Elle fut enregistrée par Nana Mouskouri qui en fit un succès international en anglais, en allemand et en français évidemment.

Été 1972, je désire participer à la « Sirène d'Or » de Middelkerke sur la côte belge.

À cette époque, un peu prétentieusement, je n'interprétais que mes propres chansons. Pour le prix de l'interprétation, il fallait chanter une chanson d'un autre auteur. Je décide de chanter « La Vague » que j'avais entendue à la radio. Il fallait trouver la partition. Je me débrouille pour obtenir son numéro de téléphone et c'est avec générosité et grand cœur que Jean me fait parvenir les partitions originales.

J'appris plus tard que Jean Vallée m'avait vu l'année précédente au Festival de Spa. Grâce à lui et surtout grâce à cette belle chanson, j'obtiens le Prix de l'interprétation.

Ce fut le départ d'une belle rencontre qui perdurera jusqu'à son décès le 12 mars 2014.

L'Ancienne Belgique de Bruxelles

Tous les chanteurs belges ou étrangers rêvaient de chanter dans cette salle mythique bruxelloise. Les artistes français, se préparant à se produire à l'Olympia de Paris, venaient y roder leurs tours de chant pendant une semaine.

En cette moitié des années soixante-dix, Monsieur Mathonet, directeur de l'Ancienne Belgique, céda son music-hall à un organisme culturel de la Communauté Flamande. C'en était fini de ces beaux spectacles francophones.

Avant cette « donation », un agent artistique français est chargé de concocter le dernier spectacle qui doit durer plusieurs jours. Il était le compagnon de la chanteuse belge Annie Duparc, créatrice de la chanson « Le chouchou de mon cœur ». Je ne me souviens plus de quelle façon je fus engagé. C'était très impressionnant de me retrouver dans ces coulisses où j'avais tant de fois attendu Dalida ou d'autres artistes.

Un animateur ouvre le spectacle avec quelques blagues et ensuite me présente. J'entre timidement sur cette grande scène. Je chante quatre ou cinq chansons accompagnées à la guitare ou de bandes orchestrales. Puis c'est le tour de chant d'Annie Duparc.

Pour terminer, Zappy Max, animateur célèbre de Radio-Luxembourg dans les années cinquante, fait un spectacle époustouflant de vrai music-hall, mêlant sketches et monologues.

Chanter sur cette scène qui avait accueilli tant de vedettes fut pour moi une joie et une fierté qui me marqua à jamais. C'est un peu comme l'Olympia, la scène est habitée des vibrations et de la présence des artistes qui y triomphèrent. Un jour, lors d'une série de concerts d'Annie Cordy à l'Olympia, avant sa destruction et sa reconstruction de 1997, j'eus l'occasion d'arpenter la scène entre la matinée et la soirée. Il n'y avait pas de spectateurs mais c'était pareil. J'avais l'impression que le plancher en bois de la scène était imprégné de la sueur de Brel et j'en ressentais toutes les vibrations.

Aujourd'hui, l'Olympia reconstruit soi-disant à l'identique n'est plus pareil. C'est certes une belle salle de spectacle mais elle manque d'âme. Surtout l'âme de Bruno Coquatrix, son directeur.

Aujourd'hui l'Olympia est devenu une entreprise financière qui n'a plus grand-chose à voir avec le Music-hall d'antan. N'importe qui peut louer l'Olympia et y faire son show. Tout cela est une question de moyens financiers !

J'aurais évidemment aimé donner des concerts à l'Olympia, hélas, je n'en eus jamais l'occasion… pas assez célèbre !

Attention… j'arrive !

Après l'Ancienne Belgique, je me produis en première partie d'un concert d'Annie Cordy, dans un théâtre à Binche. À l'issue du spectacle, devant une bière avec son mari Bruno, elle me conseille de venir habiter Paris. Jean Vallée qui y habite déjà me conseille la même chose.

À Paris, un week-end, je suis dans le métro. Sans que je m'en rende compte, je me fais voler mon porte-billets dans mon sac en bandoulière. Même plus d'argent pour payer mon train pour rentrer en Belgique. Me souvenant que Jean Vallée habite Saint-Cloud près de Paris, je lui téléphone, il me dit de venir chez lui et me donne de quoi payer mon train.

Malgré cette petite mésaventure, je suis toujours amoureux de Paris. Il faut que j'y aille !

Paris, me voilà !

Enfin, je décide de tenter ma chance à Paris. Je pense à juste titre que ce n'est qu'à Paris que l'on peut réussir. J'en suis tellement convaincu que j'en suis inconscient. J'ai droit à quelques quolibets de collègues artistes se moquant de moi. Je suis le premier de cette petite bande de chanteurs qui s'expatrie. Plus tard, certains viendront me rejoindre et exercent toujours le métier. À part les quelques grandes vedettes qui ont « réussi » grâce à la France, il est très difficile de vivre de la chanson en Belgique. Le pays n'est pas grand, il n'y a que quelque cinq millions de personnes qui parlent français, donc on a vite fait le tour.

Je me vois encore arrivant gare du Nord à Paris avec ma valise (pas en carton comme celle de Linda de Suza !) et ma guitare. Je n'ai pas beaucoup d'argent. Peut-être 300 ou 400 euros. Même pour l'époque, ce n'est pas beaucoup. Je prends une chambre dans un petit hôtel modeste de l'avenue Magenta.

Je ne connais personne dans cette grande ville et malgré mon enthousiasme, ce premier soir, je ressens la solitude. J'ai quitté ma famille et mes amis, pour l'inconnu. Néanmoins, très vite, je me ressaisis. Je vais réussir !

J'achète l'Officiel du Spectacle afin de découvrir les endroits où se produisent des artistes. Je découvre qu'à Montmartre il y a « Le lapin Agile », « Chez ma cousine » et « Le Tir'Bouchon » où a débuté un certain Jacques Brel. Je décide d'y aller.

Le Tir'Bouchon

Donc dès le premier soir, je « monte » à Montmartre. Francis Leguen, le patron du « Tir Bouchon », accepte de me faire passer une audition, le soir même après le spectacle. Le public est parti, il ne reste que les artistes du programme : la chanteuse Germaine Ricord, le chanteur François Deguelt (heureux créateur de la chanson « Le ciel, le soleil et la mer »), Fernand Sardou (le père de Michel) qui est la vedette du spectacle et le pianiste Jean-Pierre Mottier.

Accompagné de ma guitare, je chante timidement mes petites chansons. Grâce à la persuasion de Fernand Sardou, je suis engagé pour le lendemain. C'est ainsi que je débutais à Paris.

Le cabaret du Tir' Bouchon se trouve en sous-sol.

Quelques semaines plus tard, le patron ouvre une crêperie au rez-de-chaussée et me demande d'animer les après-midi pour les touristes. Cela me fait un petit pécule supplémentaire. Évidemment je ne chante pas que mes chansons, j'apprends beaucoup de chansons du moment, toutes en français.

Fernand Sardou et sa femme Jackie habitent dans le quartier. Parfois, ils viennent manger une crêpe en dégustant un verre de cidre. Jackie n'a pas son pareil pour envoyer de bons mots. Quelquefois des vannes mais toujours comique :

— *Kira, mon chien chante mieux que toi !*

Je sais que ce n'est pas méchant car pour un bon mot, les comiques feraient n'importe quoi !

Je chante l'après-midi et le soir. J'ai deux formules de spectacles. Le premier avec mes compositions, le second avec des chansons des autres mais toutes en français car j'ai toujours défendu la langue française, me refusant de chanter dans une autre langue. L'agence artistique Volant me propose un superbe contrat d'un mois au Japon, seulement il faut que je chante les trois quarts en anglais. Je refuse, de toute façon je n'ai jamais parlé anglais !

Un après-midi, Jean Vallée vient m'écouter à la crêperie du Tir'Bouchon, avec Malou sa femme et ses deux enfants : Sophie et Christophe qui est tout petit. Le soir à la maison, Christophe prend sa petite guitare et faisant semblant de gratter sa guitare, chantonne en disant : « Regarde Papa, je suis comme Jean-Jacques Chirac ». (C'est comme ça que les enfants m'appelaient !)

Le Lapin Agile

Quelques jours plus tard, Frédéric Santaya, un artiste du cabaret le Lapin Agile, a eu vent de mon arrivée au Tir'Bouchon. Il vient me débaucher et me fait auditionner dans ce prestigieux cabaret, je suis engagé.

Le Lapin Agile est le plus ancien cabaret littéraire de Paris et peut-être du monde. C'est un endroit miraculeux, hanté par le nombre d'artistes qui y sont passés ou y ont débuté.

Il est dirigé par Yves Mathieu et son épouse Maria (et aujourd'hui par ses enfants Vincent et Frédéric).

Comme à sa création à la fin du dix-neuvième et au début du vingtième siècle, on y chante encore aujourd'hui sans sonorisation, comme autrefois.

J'y fais la connaissance d'artistes talentueux :

- Michel Bergam auteur-compositeur-interprète avec qui j'ai écrit quelques chansons dont « À travers les rideaux » que je chante encore aujourd'hui et « Tu n'es pas partie » qui a été enregistrée par plusieurs chanteuses. Il a sorti quelques disques et interprète fabuleusement bien ses chansons.
- Éric Robrecht, pianiste auteur-compositeur-interprète belge qui composa notamment « Les cœurs purs » sur un texte de Jean-Roger

Caussimon. Il était le pianiste « maison » et accompagnait certains artistes.

- Michèle Patrick, chanteuse fantaisiste, jadis doublure d'Annie Cordy. Elle détaillait avec beaucoup de talent et d'humour des chansons d'un autre temps, parfois coquines mais toujours bien écrites. Elle avait été l'épouse de Jacques Demarny qui écrivit les textes des tubes d'Enrico Macias tels que « Les gens du Nord ». Nous étions très amis, elle est décédée il y a quelques années. Son fils Patrick Lemaître a composé des chansons pour Nicole Croisille, Carlos et même un titre pour Céline Dion.

- Gérard Caillieux et ses chansons tellement originales. Je chante de lui : « Victime de la mob ».

- Le duo Patrice et Oona, avec leurs chansons tellement originales.

Je pense faire modestement partie de la « bande » du Lapin Agile. J'adore cet endroit et il m'arrive encore aujourd'hui d'y faire une apparition le temps de quelques concerts.

La tête et les jambes

Un jour Roger Benamou, réalisateur de l'émission télévisée « La Tête et les Jambes » de Pierre Bellemare vient au Lapin Agile. Le thème de la prochaine émission est la marine. Il demande à deux ou trois d'entre nous de participer à l'émission pour interpréter une chanson de marin. Antenne2 nous confectionne de beaux petits costumes de marins avec pompons.

Le soir de l'émission, nous sommes assis autour d'une grande table à côté de Pierre Bellemare. L'émission démarre : un candidat en studio doit répondre à des questions pendant qu'entre chaque question, en duplex d'une salle de sport parisienne, un sportif accomplit un exploit sportif. Nous devons chanter notre chanson après la quatrième question. Hélas, le candidat ne répond pas bien à la question précédente et est éliminé. Nous n'avons donc pas chanté notre chanson.

Le lendemain, les copains nous demandèrent ce que nous « foutions » à côté de Pierre Bellemare, habillés en marins !

La vie d’artiste

Grâce à ces deux engagements, je me sens vraiment artiste. Tous les soirs, je monte à Montmartre au Tir'Bouchon et au Lapin Agile pour « Œuvrer » !

J’allais bientôt m’attaquer à la rive gauche : « L’Échelle de Jacob », « Chez Georges », etc., etc.

Brève incursion en Suisse

Je fais connaissance de touristes suisses Peter et Ursula Stambach. Ils sont de Zurich et m'invitent à venir chanter dans leur pays. Je me produis dans le Montmartre de Zurich.

C'est compliqué de chanter dans cette contrée germanophone car je ne parle pas leur langue. Mais j'essaie de me faire comprendre. Avec quelques mots d'allemand, souvenirs de mon service militaire, j'explique le thème de la chanson suivante. Néanmoins, le public est très attentif et essaie de me comprendre.

J'ai perdu de vue Peter et Ursula. Dommage, ils étaient très gentils. Je me demande ce qu'ils sont devenus.

Entre-temps, je quitte mon hôtel de la gare du Nord et loue une petite chambre de bonne dans le 7e arrondissement. Luxe suprême : je vois la tour Eiffel de ma fenêtre.

Le soir, j'écris des lettres à maman et à mes amis belges en mentant un peu, enjolivant ma situation. De toute façon, je suis certain que ce n'est que temporaire. Financièrement, je ne vais pas tarder à m'en sortir de mieux en mieux. Avec plusieurs cabarets par soirée, je peux vivre.

La journée, j'arpente Paris et me familiarise avec ses rues, ses boulevards chargés d'histoires. Je découvre ce Paris que j'adore : Montmartre, le quartier populaire de la Bastille, Montparnasse, Saint-Germain-des-Prés…

Je rôde rue Jacob, à proximité du cabaret l'Échelle de Jacob', où je rêve de me produire. Dans cette même rue, il y a le restaurant-spectacle « Les Assassins » où ont débutés Léo Ferré et Serge Gainsbourg.

Le Paris de ces années soixante-dix était (encore) merveilleux. Aujourd'hui tous ces quartiers ont bien changé. Soit ils ont été modernisés (et pas toujours avec goût), soit ils ont été investis par des commerces touristiques qui vendent du rêve aux touristes !

C'est sur un de ces bancs des grands boulevards que j'écris ma chanson « Mon Enfance ». Car étant seul à Paris, je me remémore les doux souvenirs de mon enfance.

Encore aujourd'hui, j'adore me promener dans le quartier de la place Fürstenberg, nichée entre le boulevard St-Germain et la rue Jacob. C'est un endroit apaisant, pas trop fréquenté par les touristes.

Montparnasse et sa rue de la Gaîté, je rêve devant Bobino où je ne chanterai hélas jamais.

Le quartier de la Bastille était très populaire. Je chantais à l'Abreuvoir, un petit restaurant de quartier, fréquenté par des ouvriers et des voisins. Il était tenu par Gérard Tartarin, un Vichyssois très sympathique, qui me fera découvrir la ville de Vichy où je me produirai. Mais ça, c'est pour plus tard !

Je n'ai pas perdu de vue mon pote Bruno Brel qui entre temps s'est marié et a émigré au Québec. Au bout de quelques années, il revient en Europe. Il est accompagné de Denise Cloutier, sa talentueuse pianiste. Ils viennent me voir à Paris. Je les présente au Tir'Bouchon et au Lapin Agile. Ils se font engager. Bien qu'ils n'ont pas besoin de moi, Bruno a suffisamment de talent pour faire sa route sans moi.

Jacques Canetti

Un soir au Tir'Bouchon, Jacques Canetti, producteur, découvreur de talents (Brel, Brassens, Béart, etc., etc.), ex-propriétaire du théâtre des « Trois Baudets », vient écouter les nouveaux artistes du mois.

Après mon tour de chant, il vient me trouver, me disant qu'il veut m'écouter en particulier un après-midi. Je lui parle de Bruno Brel qui arrive le lendemain à Paris. Canetti ne sait pas qui c'est lorsque je lui apprends que c'est le neveu du grand Jacques, il veut tout de suite le rencontrer.

Résultat : Bruno a fait quelques beaux albums avec Canetti et on ne reparla plus jamais de l'album de Kira !

Au restaurant-spectacle « La Rôtisserie de l'Abbaye » rue Jacob à Saint-Germain, je croise souvent Michel Orso et sa superbe voix, le créateur de la chanson « Angélique ».

Également le sympathique : Jacques Verrières, auteur de « Mon Pote le gitan », chanson qu'il a créée. Elle fut aussi interprétée par Mouloudji, Yves Montant et une pléiade d'autres artistes.

Il faut dire qu'à cette époque, quand un chanteur fait un succès, il est repris par des dizaines d'artistes. C'est une aubaine pour les droits des auteurs-compositeurs. Ainsi il existe plus de quarante versions de « Bambino », le premier succès de Dalida, seulement c'est le sien qui est sorti du lot, qui a marché et que les gens connaissent.

Alain Delon

P'tit Claude, c'est comme ça qu'on le surnomme, est propriétaire du restaurant « Les Moineaux de Montmartre » au coin de la rue Lamarck et de la rue Becquerel, derrière le Sacré-Cœur, à Montmartre.

P'tit Claude m'aime bien, donc je chante de temps en temps dans son établissement, fréquenté par des gens très « chauds ». Si par malheur pendant que je chante un de ces gars parle trop fort ou chahute, P'tit Claude s'en occupe et il finit avec une grosse tête dans le caniveau. Il m'a vaguement raconté qu'il est le garde du corps d'Alain Delon mais je ne le crois qu'à moitié. La nuit tous les chats sont gris. Ce monde de la nuit est peuplé de mythomanes.

Néanmoins, un soir, je chante « Chez ma Cousine ». P'tit Claude vient me chercher pour chanter devant Alain Delon qui soupe chez « Mimiche », un restaurant de la butte. C'est donc vrai !

J'arrive au restaurant, Alain Delon est attablé avec Mireille Darc et des amis. Je suis très intimidé. Delon est très aimable. Je chante quelques chansons et il me fait donner un billet de 200 francs par un de ses amis. Je ressors du restaurant sur un petit nuage.

Quelques années plus tard, P'tit Claude s'est fait « descendre » sur les Champs Élysées. Faut dire qu'il fréquentait de drôles de gens, on dit même qu'il faisait partie du « milieu » mais ça, c'est une autre histoire !

Julos Beaucarne

Durant l'été, je cherche des contrats vers le sud de la France pour profiter du soleil. À cette époque, Julos Beaucarne, chanteur belge, possède une maison à Bédouin au pied du mont Ventoux. Il me propose de chanter dans un camp de naturistes qui est situé non loin de sa propriété.

J'arrive accompagné d'un copain avec ma petite sono, dans le bureau du directeur. Ce dernier est assis tout nu derrière son bureau. Il nous demande de nous déshabiller comme pour une consultation chez le médecin. Puis nous nous promenons dans le camp, tout nus.

Nous faisons quelques courses dans la supérette du camp. C'est assez cocasse de voir tous ces gens déambuler tous nus avec leur caddie. Mais jusque-là pas de problèmes, c'est plus tard que ça se corse !

Le soir, je dois chanter sur un podium. Je refuse de chanter « à poils », donc je chante en short. Même chanter en short, ce n'est pas une tenue de scène et je ne suis pas à l'aise.

Certains ont revêtu des tee-shirts et les femmes des paréos mais en face de moi, sur un banc, il y a un couple de gens d'un certain âge à poils. Je vous laisse imaginer le tableau : un homme et une femme complètement nus, assis sur un banc de bois, avec entre les jambes… ce que vous devinez ! C'est une situation cocasse mais il paraît que c'est la nature. Hihihihihi ! Il m'est arrivé de me produire dans plein d'endroits différents, mais là…

Mon amitié avec Jean Vallée

Il faut que je vous parle un peu plus longuement de mon amitié avec Jean Vallée qui date de 1972.

Souvenez-vous : en 1972, j'ai interprété sa chanson « La Vague » au concours « La sirène d'Or » de Middelkerke.

Jean fut très important pour moi. Son talent, son écriture me fascinaient et me fascinent toujours. J'avais trouvé mon maître. Je me sentais tellement bien dans ses chansons que je n'avais plus envie d'écrire. D'ailleurs, pendant une dizaine d'années, je n'ai pas écrit une seule ligne. J'essaie de ne pas le copier car cela ne sert à rien d'imiter ou alors il faut en faire son métier, sa spécialité. D'ailleurs, je n'écoute plus les chansons de Jean que je chante, pour être certain de ne pas tomber dans le panneau. Bien qu'il est normal que l'on y trouve quelques réminiscences.

Jean habitait Saint-Cloud avec sa charmante épouse Malou et ses deux enfants Sophie et Christophe.

À mon arrivée à Paris, ils me reçurent à bras ouvert. Au fil des mois et des années, ce fut comme ma famille. Nous nous entendions bien. Parfois le dimanche, j'emmenais les enfants au cinéma et au « Mac Do ». Ils étaient (et sont toujours) très gentils avec moi, comme si j'étais leur tonton.

Jean avait un caractère très entier. Il n'a jamais fait de concessions dans son métier et c'est tout à son honneur. Les compromissions, c'était pas son truc. Quand il avait quelque chose à dire, il ne se gênait pas.

Voici un épisode qui situe bien le personnage :

Un soir, il chante au restaurant du premier étage de la tour Eiffel. La salle est comble et le public très attentif. Sans compter, un couple d'Asiatiques qui sont assis juste au pied de la scène et qui discutent bruyamment. Manifestement, cela gêne les autres clients. Jean est en train de chanter « Divine » avec cette superbe introduction au piano par Jean-Pierre Dorsey.

Les deux Asiatiques semblent ne pas faire attention à Jean. Tout en continuant de chanter, Jean s'approche subrepticement d'un des deux Asiatiques, lui assène une belle paire de gifles et continue de chanter. L'Asiatique le regarde, étonné, se tenant la joue. Pendant le reste du concert, il ne dira plus un mot. J'étais dans les coulisses et j'ai trouvé ça très drôle et culotté !

Par la suite, le directeur du restaurant nous expliqua qu'il s'agissait d'une dame japonaise très aisée, le monsieur était son interprète et traduisait les textes des chansons.

Au début des années quatre-vingt, Léo Ferré, que Jean connaît bien, chante à l'Olympia. Nous allons l'écouter.

À la fin du spectacle, Jean m'emmène dans la loge de Léo et me présente avec beaucoup d'éloges. Je découvre un artiste avec une personnalité fabuleuse, égale aux chansons qu'il écrit.

En 1979, quelques jours avant de participer au concours de la Rose d'Antibes, Jean m'emmène faire l'émission de nuit « Allo Macha » de

Macha Beranger sur France Inter. Il y a également Juliette Gréco comme invitée. Jean n'a rien à faire dans cette émission, il veut tout simplement me présenter car je vais « faire » Antibes avec « Et puis l'amour a disparu », une chanson qu'il m'a écrite avec Jacques Demarny.

Jean avait une très forte personnalité et il arrivait parfois que nous soyons un peu en « froid », un peu brouillés. Nous avions quelques divergences de vues avec parfois quelques bouderies qui ne duraient jamais longtemps, nous finissions toujours par nous raccommoder.

En octobre 1979, il chante à Bobino en première partie de Nicoletta. Jean et moi sommes un peu en froid. Son épouse Malou m'appelle et me propose de faire une surprise à Jean en m'invitant à la première du spectacle.

J'arrive avec mon beau costume et mon nœud papillon. Je suis assis au premier rang au milieu des vedettes. Jean entre en scène et me voit. Il entame sa première chanson. Dès que cette chanson est terminée, il fait patienter l'orchestre et vient me serrer la main. Rien qu'à moi, alors qu'il y a plein de célébrités dans ce premier rang !

Tout cela pour vous dire que nos petites « brouilles » ne duraient jamais très longtemps.

Suite à son succès à l'Eurovision 78 avec sa chanson « L'amour ça fait chanter la vie », Jean Vallée est de plus en plus populaire tant en Belgique qu'en France.

En 1981, il tient magistralement le rôle de Javert dans « Les Misérables » de Victor Hugo, mis en scène par Robert Hossein au Palais des Sports de Paris.

Il vient alors d'enregistrer un très bel album de nouvelles chansons dont l'arrangeur musical est le très talentueux Gilles Tynaire. J'avais rencontré Gilles quelques années avant lors de l'enregistrement d'une maquette aux éditions Epoc où j'ai enregistré « Tu te balades » une chanson que Jean Vallée m'a écrite. Donc je pense que c'est un peu grâce à moi que Jean et Gilles se sont rencontrés. Gilles Tynaire nous a quittés en mars 2022.

En 1981, Jean me fait engager dans son émission de télévision : « Jean qui rit, Jean qui chante », produit par Nicolas Résimont, le dernier « vrai » producteur de la télévision belge.

La télévision belge se déplace à Paris pour filmer ma chanson « Mon Enfance » dans un pub à Pigalle où je me produis. À l'époque pour filmer une émission en dehors d'un studio de télévision, il fallait tout un « barda ». Un camion régie-son-image était stationné dehors, le long du trottoir, devant l'établissement. Des câbles traînaient depuis le trottoir jusqu'à l'endroit où l'on filmait. C'était vraiment tout un « bazar » ! Ce fut un peu la révolution dans ce quartier « chaud » de Paris. Je me rappelle que des « travailleuses de la nuit » venaient assister à tout ce remue-ménage.

Il y avait dans cette émission que des gens connus et talentueux : Léo Ferré, Nicole Croisille, Dany Saval et… ma pomme !

En 1982, la télévision belge propose à Jean sa propre émission de télévision : « Le Bonne Étoile ». Une émission mensuelle, produite par Nicolas Résimont, filmée chaque fois dans une ville de province différente. Dany Saval co-anime cette émission très importante, très « people », devant un public très enthousiaste. À chaque émission, il y a un parterre de vedettes allant de Jean-Jacques Goldman à Isabelle Aubret en passant par Linda de Suza, Dalida ou Nana Mouskouri. Tout ce qui compte de grandes vedettes de cette époque passe dans l'émission.

Jean me programme à plusieurs reprises. Notamment avec ma chanson « À travers les rideaux » qu'il m'accompagne à la guitare et « Avec le temps » de Léo Ferré. Encore merci, Jean !

La chanson qui n'est pas la mienne

En cette moitié des années quatre-vingt, Jean Vallée fête ses vingt ans de carrière. Il organise au Grand Théâtre de Verviers, sa ville natale, un grand concert où il invite tous ses amis artistes. Il y a toute la famille et les amis de Jean. Une pléiade d'artistes sont présents pour chanter deux chansons : Annie Cordy, Nicoletta, Claude-Michel Schönberg, Claude Barzotti, etc., et moi.

Nous sommes accompagnés de nos bandes orchestrales. Pour faire plus simple, lors de la répétition, le technicien colle toutes les bandes ensemble, à la suite. Ainsi les artistes passant les uns derrière les autres, tout s'enchaîne parfaitement. C'était sans compter sur le gag qui va suivre.

Juste avant mon passage, un artiste inconnu sauf peut-être à Verviers, est certain de triompher et faire un rappel. Donc il a prévu trois chansons au lieu de deux comme les autres artistes. Comme les bandes sont collées bout à bout, le technicien ne s'en aperçoit pas.

Cet artiste entre en scène et chante ses deux chansons, sans son rappel. Il sort de scène sous des applaudissements nourris mais pas plus chaleureux que pour les autres artistes, sans faire de rappel.

Jean me présente et j'entre en scène. Ma première chanson est « Viens » une chanson de Jean. Lorsque la bande démarre, évidemment ce n'est pas ma chanson mais celle de cet autre chanteur.

Dans la panique, Jean se met au piano et essaie de m'accompagner sur sa chanson. Sauf qu'il ne se souvient plus de sa musique et me fait des accords « tchécoslovaques ». Moi, imperturbable, je chante en me concentrant sur le texte. Grand moment de solitude ! Cette chanson me semble longue et interminable. En coulisses, Annie Cordy et Nicoletta se marrent, moi pas !

Le public m'écoute religieusement en se rendant compte qu'il se passe quelque chose. Je termine péniblement ma chanson avec Jean Vallée caché derrière son piano.

Entre-temps, le technicien s'est rendu compte du problème et cale la bande-son sur ma deuxième chanson « Avec le Temps » de Léo Ferré qui démarre au bon moment. Là, je fais un triomphe, je peux même dire en toute modestie, un « malheur ». Le public s'est probablement rendu compte de ma galère et me remercie en m'ovationnant.

Le chanteur inconnu… on ne l'a plus revu. Il a dû filer en douce.

Pour en revenir à Paris, Jean m'emmenait partout avec lui. J'étais son « pote » de virée nocturne. On ne voyait jamais l'un sans l'autre. Bref, Jean et moi passons des « après spectacles » merveilleux.

Une nuit, toujours après son tour de chant au Don Camilo et moi après mes tours de chant au Lapin Agile, Chez Ma Cousine, ou au Tir'Bouchon, Jean m'emmène au restaurant « Le Napoléon Chaix », perdu dans le XVe arrondissement, près du métro Balard.

Jean connaît le propriétaire André Pousse, ancien coureur, cycliste, ancien amant d'Édith Piaf et très bon comédien faisant partie de la bande à Gabin, Delon, Belmondo, etc., etc. Je suis émerveillé par l'endroit et aussi par la personnalité d'André Pousse que j'ai vu au cinéma notamment dans « Le Pacha » avec Gabin et Robert Dalban. Très beau film avec une splendide musique de Serge Gainsbourg.

Un soir, accompagnés de Jean Vallée et de Robert Delmas, un chanteur débutant qui écrivait de très belles chansons, nous avons dîné en compagnie du célèbre chanteur Jean Sablon. Un monsieur formidable, très élégant et courtois. Il était le créateur connu de tant de succès dès les années 30, tels que « Vous qui passez sans me voir », « Je tire ma révérence » et fit connaître « Syracuse » dans le monde entier.

Je suis fasciné par toutes ces célébrités qui m'ont fait rêver dès ma plus tendre enfance.

Gainsbourg

Voici une anecdote aussi extraordinaire qu'inattendue, que peu de gens connaissent à part les protagonistes, dont moi !

En 1978, Jean Vallée représente la Belgique au Grand Prix Eurovision avec sa chanson « L'amour ça fait chanter la vie ». Il obtient la seconde place, derrière Israël. Il faut dire que cette année-là c'était le trentième anniversaire de la création l'État d'Israël. Alors coïncidence… ou pas ?

Quelques semaines plus tard, Jean est de retour au Don Camilo où il présente chaque soir son tour de chant.

Pour les gens qui connaissent l'endroit, au Don Camilo, les coulisses sont très étroites, une seule personne peut regarder l'artiste de profil. Tout à coup, je sens un gars qui me pousse : je tourne la tête, c'est Serge Gainsbourg. Il habitait rue de Verneuil, à 50 mètres. Il fait signe à Jean de venir le retrouver après son tour de chant. Serge trouve que le résultat du concours est injuste, que c'est Jean qui aurait dû gagner et non Israël.

Après les dédicaces d'usage, nous allons donc le rejoindre en face de son domicile dans un petit restaurant qui normalement est fermé le soir. Serge l'a fait rouvrir spécialement pour la circonstance.

Nous pénétrons dans ce restaurant et tout le show-business est là. Je ne me souviens plus vraiment de toutes les personnalités qui étaient présentes. Je pense qu'il y avait : Michel Drucker, Jean-Pierre Foucault, Jacques Martin, Patrick Sabatier, etc., etc. Serge invite Jean à faire la fête, boire et chanter jusqu'au petit matin.

C'est là une facette peu connue de Monsieur Gainsbourg.

Parfois, Jean m'emmène au restaurant-spectacle « La Villa d'Este », près des Champs-Élysées, applaudir Isabelle Aubret ou Frida Boccara, des artistes que j'apprécie. Je me nourris de tous ces artistes que je vois sur scène.

Hélas, Jean Vallée nous a quittés le 12 mars 2014, après quelques années d'une longue maladie. Il était beaucoup trop jeune, il avait certainement encore tellement de belles chansons à écrire.

Ce qui me console, c'est que lors de ses obsèques, parmi toutes les fleurs, c'est ma petite couronne de fleurs blanches avec comme indication « Ton ami Kira » qui accompagne le cercueil.

Tournée des cabarets et folles nuits parisiennes

J'étais très heureux. En partant vers 20 h 30, je rentrais chez moi vers cinq heures du matin. Je dormais et composais la journée. La vraie vie d'artiste, quoi ! Chaque soir, je découvre les artistes qui m'ont tant fait rêver et que j'avais suivis en Belgique à la radio ou à la télévision.

Au Tir'Bouchon puis au Lapin Agile, je fais la connaissance de Jacques Debronckart, auteur-compositeur-interprète.

Voir Jacques Debronckart dans son tour de chant accompagné de son piano est un ravissement. J'ai un choc. Il se dégage de lui une force d'interprétation incroyable. C'est comme ça que je veux chanter ! Avant d'être le formidable créateur de « Adélaïde », de « Je suis comédien », de « J'suis heureux », etc., il a écrit pour d'autres artistes mais surtout il était le pianiste de Maurice Fanon qui le poussa un jour sur scène. C'est pour cela qu'il s'accompagne si bien.

Les plus grands pianistes du monde ne sont pas forcément les meilleurs accompagnateurs !

Après un fabuleux concert unique en 1981 à l'Olympia, où Jacques Debronckart nous offrit un fabuleux concert de trente-quatre chansons, il nous a quittés en 1983, à même pas cinquante ans.

Je découvre également Marie-Thérèse Orain, peu connue du grand public mais grande interprète de Jacques Debronckart. Elle chante également au Tir'Bouchon. Elle a été très « amie » avec la chanteuse Gribouille, créatrice de la chanson « Mathias », décédée en janvier 1968.

Jean-Claude Annoux, ce merveilleux auteur-compositeur des « Jeunes Loups » et « Les Touristes », a eu des débuts fulgurants. Il a notamment écrit des chansons avec Gribouille. Il reçoit le Grand Prix de l'Académie Charles Cros. Il passe à l'Olympia et est présent dans toutes les émissions de variétés de l'époque.

En 1965, sa carrière fut interrompue par un grave accident de voiture qui le laisse anéanti.

À la même époque, Serge Lama a lui aussi un grave accident de voiture. Le show-business met le paquet médiatique sur Serge Lama et son accident tandis que Jean-Claude Annoux reste sur le carreau. Le temps qu'il se rétablisse, il est oublié par le métier. Quelle injustice !

Jean-Claude Annoux m'aide beaucoup en parlant de moi à Jean-Louis Foulquier qui présente l'émission « Studio de nuit » sur France Inter. Jean-Louis Foulquier que j'ai croisé au Festival de Spa où il était chanteur dans l'équipe française.

Grâce à Annoux, je rencontre le poète montmartrois Bernard Dimey.

Il a écrit, entre autres, le texte de « Syracuse » sur une musique d'Henri Salvador. Il a aussi écrit « Mon truc en plumes » sur une musique de Jean Constantin pour Zizi Jeammaire, etc., etc. Avec Charles Aznavour il a écrit « L'amour et la Guerre » et bien d'autres chansons immortelles. Il déclamait ses poèmes au « Tir'Bouchon » et au « Lapin Agile ». Lorsqu'on l'écoutait, on croyait qu'il vous racontait une histoire, tellement il y mettait du naturel. Quel talent et surtout quel personnage !

Il habitait rue Germain Pilon, en plein quartier chaud de Pigalle. Nous partagions parfois de folles nuits qui se terminaient immanquablement au petit matin chez Michou.

Nous avions commencé à écrire une ou deux chansons ensemble, nous n'en avons pas eu le temps. Hélas, il nous a quittés le 1er juillet 1981.

Il y avait (il y a toujours) le cabaret restaurant-spectacle « Chez Ma Cousine », un restaurant-spectacle qui existe depuis les années trente. Pendant quelques années, il fut dirigé par François Deguelt et depuis plus de trente ans par Roger Dangueuger et ses deux fils.

L'animation et la présentation du spectacle sont confiées depuis plus de trente ans à mon ami Nelson Vega, guitariste, auteur-compositeur-interprète, espagnol, comme son nom ne l'indique pas.

J'y ai croisé beaucoup d'artistes : François Deguelt, Félix Marten le créateur de la chanson « La Marie Vison », Michel Orso le créateur du tube « Angélique » en 1966/67, etc., etc...

Et surtout Colette Renard…

Colette Renard, immense vedette des années cinquante/soixante, qui, avec son mari Raymond Legrand (le papa de Michel), avait créé l'opérette « Irma la douce » sur un livret d'Alexandre Brefford. Grâce aux productions hollywoodiennes, « Irma la douce » devint un film au succès mondial avec Shirley Mac Laine et Jack Lemon.

Colette Renard fit sept fois l'Olympia en vedette. Dans les années quatre-vingt lors de la reconstruction de l'Olympia, elle ne fut même pas invitée, le show-business l'oublia. Alors qu'elle avait souvent sauvé les finances de Bruno Coquatrix. J'admirais sa façon de chanter, son interprétation, sa diction. Je « fais » sa première partie Chez Ma Cousine.

Un soir au bar, je lui dis mon admiration et lui raconte que je connais Concetta di Maria, une chanteuse italo-belge qui avait fait un triomphe en Belgique avec sa chanson « Un Piano ». Elle se met en colère, car cette jeune artiste lui avait « piqué » son play-back orchestre.

Après son tour de chant, elle vient me rejoindre.

— Vous ne pouviez pas savoir, dit-elle en s'excusant.

J'assiste tous les soirs à son tour de chant et j'en prends plein les mirettes. Elle termina sa carrière en tant que comédienne dans la série de France3 « Plus belle la vie » dans le rôle de Rachel, la grand-mère.

En cette fin des années soixante-dix, je chante de plus en plus, faisant jusque cinq cabarets par nuit. Je suis insatiable. Je parcours Paris la nuit, ma guitare sous le bras. Souvent en métro et parfois en taxis. Les cachets ne sont pas fabuleux mais ce n'est pas important. L'important c'est d'apprendre mon métier.

Encore aujourd'hui, j'apprends. Quand on n'apprend plus, c'est qu'on est mort. Beaucoup de ces cabarets ont aujourd'hui disparu. C'est dommage car les apprentis « stars » pouvaient s'y faire les dents.

Aujourd'hui, les jeunes chanteurs sont propulsés « star » grâce à divers concours de chant télévisés. Ils n'ont pas le temps d'apprendre la scène.

Je me souviens avoir chanté :

- Au « Pétrin » à la Contrescarpe.
- Au restaurant « L'escale » à la Porte Dorée.
- Au « Parnassien » à Montparnasse.
- À la « Grange au Bouc » à Montmartre.

- Au Lapin Agile à Montmartre.

- Au Tir' Bouchon à Montmartre.

- Au « Caveau de la Bolée » à Saint-Michel où se produisait François Corbier avant qu'il rejoigne Dorothée à la télé, Gilles Olivier et où débutait Smaïn.

- À « L'Échelle de Jacob » rue Jacob à Saint-Germain, tenu par Mme Suzy Lebrun où était passé Jacques Brel à ses débuts. Je fis la première partie de Maurice Fanon, l'auteur de « L'Écharpe » qu'il avait écrite pour son épouse Pia Colombo, fabuleuse interprète, créatrice de la chanson « Le Métèque », avant son auteur : Georges Moustaki.

- « Chez Georges » rue des Canettes, où avait débuté Georges Chelon le créateur du « Père Prodigue », ainsi qu'Anne Vanderlove créatrice de « Ballade en novembre » (Grand Prix du Disque 1967). Nous chantions assis sur une enclume.

- À la « Dolce Vita » à Montparnasse, chez mon ami Daniel Lepage. Un endroit mythique : avant la guerre ce cabaret s'appelait le Collèg'Inn' et avait vu les débuts de Charles Trenet et son copain Johnny Hess. J'y croisais Michel Guidoni, imitateur, que je retrouvais dans d'autres cabarets et qui depuis fait les beaux jours du « Théâtre des Deux Ânes » à Pigalle.

- J'ai également chanté dans un tout petit endroit « Le Gavroche » rue Joseph Demestre près du cimetière de Montmartre, au bas de la rue Lepic. Cet endroit était tenu par une certaine Carmen, dernière compagne de Jo Atia, célèbre truand de l'après-guerre.

C'est dans l'décor, tout est prévu !

Certains soirs, vers deux ou trois heures du matin, je donne mon dernier tour de chant au Trafalgar à Pigalle. Parfois Jean Vallée chantant au « Don Camilo » rue des Saint-Pères, vient me rejoindre pour décompresser.

Un soir, je chante sur mon petit podium dans l'arrière-salle du Trafalgar, accompagné au piano par Christian Joudineau. Au début tout se passe bien jusqu'au moment où sur la piste de danse devant moi, six ou sept voyous sont en train de se battre. Je chante une chanson de Nicole Croisille : « Quand nous n'aurons que la tendresse à partager ». Pour ne pas ameuter tout l'établissement, Christian me lance :

— *Continue de chanter, Kira !*

Moi, imperturbable, je continue donc de chanter. Les voyous finissent par se calmer et tout revient dans l'ordre… c'est dans le décor, tout est prévu !

Au cours des années suivantes, il y eut même plusieurs morts. Le Trafalgar n'eut jamais de jours de fermeture. Aujourd'hui, cet établissement est transformé en banque.

Une autre fois, vers quatre ou cinq heures du matin, je bois un dernier verre avec deux copains dans le quartier de l'opéra, plus exactement rue Sainte-Anne. C'est le quartier gai des années 70/80.

À cette heure avancée de la nuit, il n'y a personne dans le bar hormis deux gars attablés dans un coin, qui boivent un verre en discutant.

Nous sommes accoudés au bar. Le barman et mes potes me demandent de sortir ma guitare. Je chante « Comme ils disent » la chanson d'Aznavour. Nous buvons encore un ou deux verres puis je rentre chez moi. Le lendemain dans le journal France-Soir :

Fusillade ou règlement de compte !

Hier soir, deux hommes sont morts dans un bar de nuit, rue Sainte-Anne.

La police recherche activement les trois consommateurs du bar, dont celui qui chantait.

Je me fais discret pendant quelques jours le temps de cette affaire se tasse.

Quelques semaines plus tard, j'apprends le fin mot de l'histoire : les deux gars qui discutaient assis dans le coin du bar, se sont disputés et ont fini par s'entre-tuer à coups de revolvers. Je n'ai jamais eu de suite à cette affaire, faut dire que je ne suis retourné dans cette rue Sainte-Anne que des années plus tard.

Au « Don Camilo », je croise Bernard Mabille qui écrivait les textes des sketchs de Thierry Le Luron. Vers les années 75/76, il est journaliste au « Quotidien de Paris ». Il écrit un article élogieux sur moi. C'était mon premier article en France.

Souvent avec Vallée, nous terminons nos folles nuits à la Casserole, restaurant de nuit situé en dessous du « Don Camilo », en compagnie de Carlos, Michel Leeb, Daniel Gérard, Jacqueline Danno (merveilleuse interprète). Des chansonniers également tels que Jean Raymond, Jean Amadou, Roger Pierre, Anne-Mare Carrière…

Dès que j'en avais l'occasion, j'allais voir les artistes sur scène. J'ai toujours été curieux de découvrir les artistes en « live ». Juste avant de venir habiter Paris, j'étais allé applaudir Cora Vaucaire au Palais des Beaux-Arts de Bruxelles. Quelle artiste !

C'est ainsi que j'ai vu Cora Vaucaire au TNP place du Châtelet, mais également Juliette Gréco qui interprète merveilleusement ses chansons d'auteurs choisis.

Le seul accroc est ma rencontre ratée avec Francis Cabrel.

Fin 1980, je chante dans un cabaret à Charleville-Mézières dans les Ardennes. J'avais croisé à Paris deux de ses musiciens. Cabrel donne un concert au théâtre de Charleville. Comme je travaille le soir, je ne peux pas y assister mais je me rends l'après-midi à la répétition. Les musiciens me présentent, je trouve Francis très sympa. Il me dit qu'après son concert, ils viendront m'écouter.

Le soir, les heures passent et je commence mon tour de chant. Au moment où je chante « Le P'tit Bonheur » de Félix Leclerc, je vois la porte qui s'ouvre et un groupe de gens qui s'engouffrent dans le cabaret. Cinq minutes plus, tous ces gens ressortent. C'était Cabrel et ses musiciens.

Je n'ai jamais su pourquoi ils étaient repartis. Dommage, rencontre ratée !

Jean-Paul Belmondo est un gars sympathique comme chacun sait. Il demeurait rue des Saints-Pères, juste en face du Don Camilo. Jean Vallée garait souvent sa voiture avec plaque belge, juste devant son entrée. C'est comme cela que j'ai vu une ou deux fois, surgir Belmondo au Don Camilo, souriant, en disant :

— *Alors Vallée, tu la dégages ta voiture ?*

Un jour d'été vers 1976/77, nous avons vu débarquer le chanteur Laurent Voulzy qui connaissait Jean Vallée.

— *Je pense avoir enregistré le tube de l'été, dit-il.*

Il avait raison, c'était « Le Rockollection » !

Annie Cordy

Revenons à mon amitié avec Annie Cordy qui nous a quittés le 4 septembre 2020.

Depuis quelques années Annie s'était retirée dans sa villa sur hauteurs de Cannes. De ce fait, je la voyais moins mais je l'avais de temps en temps au téléphone. Elle me manque. Souvent je regarde des DVD de ses films ou de ses tours de chant… et je me souviens !

En automne 1976, Annie Cordy fait sa rentrée parisienne en créant l'opérette « Nini La Chance » au Théâtre Marigny. Le chef d'orchestre est Willy Decart, un Belge que j'ai connu comme premier violon dans le grand orchestre de la RTBF.

Entre deux cabarets, accompagné de Jean Vallée, je vais souvent applaudir Annie. Hélas, nous n'assistons souvent qu'au final de cette comédie musicale. Annie et son mari Bruno m'aimaient bien, je le sentais. Ils étaient très intimes avec Jean Vallée.

Annie et Bruno me font faire ma première télé en France. C'était « Aujourd'hui Madame », une émission spéciale sur les artistes belges à Paris. J'y chante « Tu te balades », une chanson que vient de m'écrire Jean Vallée. Y participent également Jean Vallée, Claude Lombard, l'humoriste belge Stéphane Steeman, le comédien verviétois Francis Lemaire.

À l'époque les émissions de télévision française passent par un émetteur-relais à Lille qui tomba en panne. Donc en Belgique, personne ne voit l'émission.

Il y avait bien entendu Annie Cordy qui chantait « Le Plat Pays » de Brel. Superbe et inattendu ! Elle était émouvante. Hélas sur disque, c'est chansons-là marchaient moins bien. C'est dommage !

Qui n'a pas entendu et vu Annie chanter « Bravo » sur scène ne connaît pas le répertoire d'Annie. C'est une chanson extraite de la comédie musicale « Madame Rosa ». Musique de Gilbert Bécaud, paroles de Claude Lemesle, d'après « La Vie Devant Soi » de Romain Gary. Cette comédie musicale n'a jamais été interprétée sur scène en France, uniquement en américain à Brodway. Annie avait enregistré les chansons en français.

Il y a toujours eu un dilemme dans sa carrière. Elle chantait « Tata Yoyo » ou « La bonne du curé », des chansons dites « faciles » mais qui en réalité n'étaient pas si faciles que ça. C'est bien connu, il est plus facile de faire pleurer que de faire rire. Elle pouvait également chanter de très belles chansons dramatiques qu'elle intercalait dans son tour de chant et faisaient un malheur sur scène.

Elle a eu l'occasion de démontrer son formidable talent de comédienne notamment dans des films comme : « Le passager de la pluie » avec Marlène Jobert et Charles Bronson, « Le chat » avec Jean Gabin et Simone Signoret, « Rue Haute », etc., etc.

Le point d'orge de sa fabuleuse et longue carrière est sa formidable interprétation dans son dernier film « Mes souvenirs » de Jean-Paul Rouve.

Casino de Paris

Fin décembre 2003, Annie Cordy me fait un super cadeau en me proposant de faire sa première partie au Casino de Paris. Du mercredi au dimanche, soit six concerts avec une matinée.

C'est extraordinaire de chanter dans cette salle prestigieuse de 2 000 places. L'Union, le journal de Reims, refuse d'en parler car ça se déroule à Paris que Reims s'en fout ! Seul Marne-Hebdo, un petit journal gratuit, accepte de me faire un petit article avec photo.

Je suis le « chouchou » d'Annie mais le producteur du spectacle a également un « poulain » à faire passer en première partie. Un chanteur d'origine hollandaise qui s'accompagnant au piano, chante des chansons de Brel en néerlandais. Il a un peu la « grosse tête » et me snobe. Il veut absolument que ce soit moi qui ouvre le spectacle. Je m'en fous, le principal c'est de chanter sur cette scène qui a connu tant et tant de stars. Il faut savoir que passer en première partie d'une vedette n'est pas chose facile car le public vient surtout pour la vedette.

Néanmoins, je tire admirablement mon épingle du jeu. Chaque soir, je chante mes petites chansons très humblement.

Le soir de la première, j'ai un trac fou. Annie m'a prévenu que ce n'est pas le vrai ni le meilleur public car ils sont invités. Ce soir-là, les artistes qui voulaient venir complimenter Annie étaient obligatoirement obligés de passer devant ma loge dont j'avais laissé la porte ouverte. Certains comme Maria de Rossi, Marie-Paule Belle, entraient pour me congratuler alors d'autres passaient leur chemin, m'ignorant tout à fait.

Je me souviens avoir croisé pendant l'entracte la belle Sophie Davant, que j'admire toujours. On ne s'est pas parlé, elle ne s'en souvient certainement pas.

Charles Aznavour

Charles Aznavour était un grand ami d'Annie. Ils avaient débuté ensemble dans la même maison de disque. Annie sur disque Columbia, Aznavour sur disque Ducretet-Thomson, deux filiales du groupe EMI France. Ils avaient même tourné des télé-films ensemble. Aznavour assistait souvent aux tours de chant parisiens d'Annie mais ne se mêlait pas aux stars des grandes premières, il préférait venir presque anonymement se glisser dans le public.

Lors de cette série de concerts au Casino de Paris, Aznavour vient un samedi en matinée, accompagné de Fred Mella le soliste des Compagnons de la Chanson. Je ne sais pas qu'il est là, Annie ne m'a rien dit pour ne pas me mettre la pression.

Entre la matinée et la soirée, nous n'avons pas le temps de sortir manger dehors. Dans les coulisses, la production a dressé un buffet pour les artistes et musiciens. Je suis dans ma loge en train de grignoter un sandwich avec mon petit chien à mes pieds. La porte s'ouvre, Aznavour entre avec Fred Mella, le soliste des Compagnons de la chanson.

— *Bonsoir, qui a écrit votre chanson* « Mon enfance », *dit-il ?*

— *Moi, répondis-je.*

— *C'est une bonne chanson, bien écrite.*

— *Ce compliment, vous pouvez me l'écrire, dis-je en souriant.*

Il sort de ma loge en souriant. Dommage… pas une photo, ni de témoin. Il faut vous dire que je n'ai pas toutes les preuves de ce que je raconte, vous devez me croire.

Depuis Annie est partie rejoindre son ami Charles au paradis des artistes. Je suis certain qu'ils doivent chanter et jouer la comédie ensemble. Merci, Annie, de m'avoir fait la « Courte échelle » !

Tournée des cabarets de province

Revenons aux fabuleuses années soixante-dix ! Il faut dire que j'étais jeune, plein d'espoirs et de certitudes.

Nous sommes en 1975, je suis à Paris depuis quelques mois. L'été, comme certains cabarets parisiens ferment ou n'ont pas la clientèle francophone, je suis au « chômage ».

Je me rends à la Sacem et vois une affiche : Grand Concours de Chant « Nîmes chante ». Comme j'ai du temps de libre, je m'inscris. Je sais à peine où se trouve Nîmes. Chez un libraire, je contemple une carte et je découvre que cette ville est tout au sud de la France. Pour les éliminatoires et autres demies finales, je commence alors quelques aller-retour Paris-Nîmes en stop. Il fait beau, une petite valise avec un pantalon noir et une chemise noire et ma guitare. Voilà tout mon bagage.

Durant ces voyages, je fais connaissance des patrons d'un cabaret « La Taverne de St-Remèze » dans les gorges de l'Ardèche. Ainsi à chaque voyage, je m'arrange pour me produire à St-Remèze, cela paye les frais de voyage et de logement.

Mes périples en auto-stop me permettent de faire des rencontres très intéressantes. Ainsi un jour en fin de journée, je suis déposé par un automobiliste sur la Nationale 7 à hauteur de Saint-Germain Lespinasse, une vingtaine de kilomètres de Roanne. Je bois un café dans le seul bar-tabac du coin. Je sympathise avec les patrons et sors ma guitare. Je chante quelques chansons, les clients sont contents. Le patron se propose de me loger avant de reprendre la route le lendemain vers Nîmes. Une amitié se crée qui perdurera pendant des années.

Quelques années plus tard, de passage avec Jean Vallée, nous nous sommes arrêtés dans ce bar-tabac et avons été reçus comme des rois.

J'ai ainsi plein d'anecdotes de mes voyages en auto-stop.

Ce 30 juin 1975, je remporte la finale de « Nîmes chante » dans les arènes de Nîmes, avec ma chanson « Comme la mer », accompagné par l'orchestre de René Col. Comme par hasard… Dalida passe en vedette.

Je gagne le premier prix : 3 000 francs, une somme assez importante pour l'époque, pourtant je rentre à Paris en stop… avec mon « pognon » dans la poche !

Cet été 1975, Gérard Tartarin du restaurant l'Abreuvoir à la Bastille me fait connaître le cabaret le « Pigalle » à Vichy.

Ce cabaret est tenu par Roger Lovera et son épouse Christine. Ils sont les vrais patrons de cabarets. Ils aiment les artistes et ont toujours des spectacles somptueux avec plusieurs artistes et attractions. Aussi bien des jongleurs que des strip-teaseuses et des chanteurs.

Enrico Macias et Leny Escudero (« Pour une Amourette », A Malypense' etc. etc.) ont débuté chez lui. Roger avait travaillé dans des cabarets parisiens et était l'ami de Jacques Brel. Le cabaret était tapissé de ses photos. J'y ai passé des soirées formidables, côtoyant des artistes d'univers différents. J'y ai croisé Dominique Dussault, merveilleuse chanteuse pas forcément très connue du grand public bien qu'ayant représenté Monaco à l'Eurovision 1970. J'y ai présenté

Bruno Brel qui, toujours merveilleusement accompagné au piano par Denise Cloutier, fit un triomphe.

Je chante à Paris la moitié de l'année. Les autres mois, grâce à Victor Sissa agent artistique de Juan-les-Pins, je chante en province et découvre la France. Je me produis de mai à septembre, dans des cabarets s'étendant du nord au sud de la France : la « Clé des Chants » à Bourges, le « Dauphin » à Clermont-Ferrand', l'Olympe' à Narbonne, « L'Ambigu » à Lyon, ainsi qu'à Brest, Concarneau, Avignon, etc.

Laurent Bignolas

Vers 1983, à « La Clé des Champs » à Bourges, je fais connaissance de Laurent Bignolas qui vient d'obtenir son diplôme de journaliste. Nous sommes au début de la création des radios libres qui poussent comme des champignons un peu partout. Laurent travaille dans une de celles-ci en attendant de rentrer à France3 Auvergne. Il me promet de me faire passer dans une émission dès qu'il sera embauché. Il tient parole.

Un an plus tard, je chante à Vichy au cabaret le « Cristina ». Il vient avec toute l'équipe de France 3 Auvergne me filmer la journée et le soir avec interview et trois chansons. Quinze minutes d'antenne en télévision, c'est long. Merci, Laurent.

Plus tard, il sera aux commandes de l'émission « Faut pas rêver » et ensuite l'émission Télé-Matin tous les jours sur France 2.

Braguette ouverte !

C'est dans ce cabaret de Bourges qu'un soir, j'ai un commencé mon tour de chant… la braguette ouverte ! Nous sommes un samedi soir, la salle est bondée évidemment. Dans la salle le chanteur Yvan Rebroff et son petit « copain » viennent de faire un gala à Bourges. Malgré la chaleur, il a gardé son manteau et sa toque de fourrure !

Peut-être que je confonds les dates avec les années. Toujours est-il que la suite est bien réelle.

Les cinq premières chansons de mon tour de chant sont accompagnées d'une bande orchestre, donc je chante debout. Jusque-là pas de souci.

À la sixième chanson, comme je m'accompagne à la guitare, je tire un tabouret vers moi et y pose une fesse. À ce moment-là, je sens un courant d'air au niveau de ma braguette. Elle est ouverte et je dois porter un slip blanc ou de couleur, ce qui fait que dans le halo du projecteur… on ne voit que ça !

Éclats de rire général et honte pour moi. En quelques secondes, je remonte ma fermeture éclair. Depuis, avant d'entrer en scène, je vérifie toujours que ma braguette est bien fermée.

C'est au cours de ces tournées de cabarets que je retrouve Julos Beaucarne, talentueux auteur-compositeur-interprète belge. Nous nous produisons tous les deux le même jour au Palais des Congrès de

Clermont-Ferrand. Lui dans la grande salle, moi dans la petite ! Nous nous retrouvons après pour boire un verre.

Julos… encore un artiste qui nous a quittés. Cordy me l'avait bien dit : plus on avance… plus ça se dépeuple !

Les découvertes de TF1

Un jour, Jean Vallée lit dans France-Soir une annonce qui l'interpelle :

« TF1 cherche de jeunes artistes en vue d'une émission de variétés. »

Je n'y crois pas trop mais il insiste. Je me présente à l'audition dans un théâtre parisien. J'attends mon tour devant une centaine d'aspirants vedettes. Tout à coup, un homme sort des loges en disant :

— *Kira, chante-nous ta chanson* « Les P'tits Moineaux » *(*« Sans Bruit »*) que tu chantais au Festival de Spa.*

C'est André Blanc, producteur de l'émission. Il était jury au Festival de Spa 1971 en Belgique. Grâce à lui, je suis sélectionné et je participe à l'émission.

Il y a plusieurs disciplines : imitateurs, comiques, interprètes et auteur-compositeur. Je chante deux chansons, accompagné par l'orchestre de Roger Pouly, pianiste de Charles Trenet.

Les téléspectateurs doivent envoyer des cartes postales pour retenir tel ou tel artiste. Ça marche bien. Ils écriront trois semaines d'affilée pour voter pour moi.

La présentation était confiée à la toute jeune et jolie Catherine Ceylac. Plus tard elle sera aux commandes de l'émission « Thé ou

Café » sur France 2. Je pense qu'elle venait d'arriver à Paris et que c'était une de ses premières émissions de télévision parisienne.

Grâce à cette émission de télévision, je fais la course cycliste « Le Tour de l'avenir ». Pas pour pédaler mais pour chanter !

Avec Lily (chanteuse fantaisiste), le duo Jean-Marie Koltès et Nicole Mouton, nous sommes engagés pour nous produire aux arrivées des étapes, chaque fois dans une ville différente.

Cette course cycliste n'existe plus aujourd'hui. Elle était la petite sœur du Tour de France. Elle se déroulait en une vingtaine d'étapes dans l'est de la France. Une grande boucle au départ de Metz, avec une incursion en Belgique, au Luxembourg et en Allemagne et l'arrivée à Nancy.

J'ai la chance d'assister à une étape complète de ce « Tour de l'avenir ». Je pense que le cyclisme est le sport plus dur qui soit. Le plus endurant aussi. Tous les coureurs font le même parcours mais celui qui arrive dernier, c'est à peine s'il ne se fait pas bousculer par la foule dans l'indifférence totale !

Nous nous produisons sur le Podium Ricard. Je me souviens avoir baptisé le technicien de « Caramel Mou » tellement il était molasse.

Nous faisons un spectacle en fin d'après-midi, à l'arrivée des coureurs. Ensuite, c'est la fête. Dans chaque ville, nous sommes invités au restaurant puis en discothèque. La belle vie quoi !

Pénélope

Dany Saval avait écrit le texte de « Pénélope », une comédie musicale d'après l'Odyssée d'Homère, sur une musique de Serge Prisset qui avait fait un tube avec « Colombe Ivre ». Les chansons sont belles. Dany cherche de jeunes artistes non célèbres afin de leur donner leur chance. Elle se fait visionner les récentes émissions de variétés.

Après beaucoup de films à succès dans les années soixante et une carrière aux États-Unis, Dany Saval était revenue en France et épousa Michel Drucker.

Je suis convoqué dans un studio pour audition. Je sais que c'est pour une comédie musicale. Je n'y crois pas trop, néanmoins, je me rends à cette convocation. J'ai 30 ans et me sens déjà un peu vieux. Alors, commencer à lever la jambe…

J'arrive avec une petite cassette de musique et la donne au technicien. Il y a devant moi : Dany Saval, Serge Prisset, Jacques Revaux directeur des disques Tréma, compositeur de « My Way » (« Comme d'habitude ») et des grands succès de Michel Sardou. Dany Saval, que je n'avais jamais rencontrée, discute dans l'oreille de Revaux.

— *Si vous ne m'écoutez pas, je m'en vais.*

Je me demande encore aujourd'hui ce qui m'a pris. Quelle audace et quelle insolence ! Pour finir, ils m'écoutent et je chante mon

« Œuvre ». Je suis engagé pour un rôle de « prétendant » dans cette comédie musicale.

Je suis resté très ami avec Dany. Des années plus tard, elle m'a avoué qu'elle m'avait repéré à la télé et vantait mes mérites à Jacques Revaux. Jamais on ne lui avait parlé de la sorte.

Pénélope ne fut pas un grand succès discographique mais un très bon souvenir et une belle aventure. Je n'avais qu'un tout petit rôle mais c'était très agréable de travailler avec ces jeunes chanteurs et chanteuses (dix-huit au total plus les danseurs). Nous nous sommes perdus de vue, à part quelques-uns :

Anne-Marie Gancel, que j'ai connue dans les cabarets parisiens, eut de rôle de Pénélope. Elle a continué de chanter et a même créé un cours de chant.

Saïd Amadis eut le rôle d'Ulysse. Il est comédien et apparaît parfois dans des téléfilms.

Henri Reynaud, rôle de prétendant comme moi, devint chanteur dans les chœurs de l'armée française, gérée par la Garde républicaine.

Sylvain Caruso était également dans un rôle de prétendant. Il s'est spécialisé dans le doublage pour Disney Europe.

Nous répétions au domicile de Dany et Michel Drucker. C'est ainsi qu'un samedi après-midi, nous sommes en train de répéter tous autour du piano, lorsque le téléphone sonne. Dany Saval décroche : quelqu'un appelle de l'appartement de Claude François pour prévenir que Claude n'ira pas aux studios des Buttes Chaumont où l'attend Michel Drucker pour son émission. Il vient de décéder dans les conditions affreuses que nous savons, dans son appartement parisien.

Nous enregistrons un superbe double album, somptueusement accompagné par le New London Orchestra de Londres. Ce disque est produit par Tréma–Jacques Revaux. Il sort en même temps que « Starmania », l'opéra-rock de Michel Berger avec des artistes connus comme France Gall, Daniel Balavoine, Diane Dufresne, Claude Dubois, Annette Workman, Fabienne Thibaut. Nous sommes inconnus, nous ne pouvons pas lutter.

Nous ne l'avons jamais joué sur scène. Pénélope fut filmé par France3 pour une diffusion le soir de la St Sylvestre 1978.

Pour la promotion, nous faisons beaucoup d'émissions de télévision. Notamment le Numéro1 Enrico Macias avec entre autres Pétula Clark. Pétula a bercé mon adolescence car elle était la chanteuse préférée de ma sœur Emma. Pour terminer l'émission, nous chantons tous en chœur, main dans la main, « Enfants de tous pays » de Macias. J'ai la main de Pétula dans la mienne. Je suis ému et content.

Par la suite, Dany Saval arrêta sa carrière de comédienne pour ne s'occuper que d'animaux (c'est sa passion) et de son mari Michel Drucker. Elle a créé « Liza » une association qui recueille les chiens et chats en souffrances et les place dans des « familles d'accueil ».

Lorsque plus tard je serai installé à Reims, j'adopterai deux de ses petits protégés. Deux petites caniches Mimi et Zaza qui sont hélas toutes les deux décédées.

Trois minutes pour devenir célèbre

Au printemps 1976, Jean Vallée m'écrit une belle chanson : « Tu te balades » que je présente en 1978 au concours de RTL « Trois Minutes pour Devenir Célèbre ». Ça se déroule le samedi après-midi, en direct et en public dans le grand studio de RTL, rue Bayard. La présentation est assurée par Fabrice.

À chaque émission, six artistes présentent une chanson chacun. Je suis sélectionné pendant plusieurs semaines pour arriver jusqu'à la finale. Nous sommes accompagnés par un orchestre de quatre musiciens. Les auditeurs peuvent téléphoner afin de voter pour un artiste. Dans le studio, un jury composé de gens du métier, vote également. Il y a notamment : Jacques Demarny, Eddie Barclay, Claude Lemesle (auteur de nombreux tubes comme « L'été indien » et futur « boss » de la Sacem), etc.

Un samedi, Jean-Jacques Debout est sur une route. Il s'arrête dans une station-service. Comme il est célèbre, on le passe à l'antenne.

— *Je vote pour le Belge qui s'appelle Jean-Jacques comme moi.*

Au cours de la finale, je remporte le premier prix : un contrat d'un an à l'essai chez Barclay.

Le lundi matin, j'ai rendez-vous chez monsieur Eddie Barclay, à son domicile, avenue de Friedland près de l'Arc de Triomphe. Lorsque j'arrive, un majordome m'introduit dans le salon. Sous la glace d'une table basse, des photos de tout le show-business. En particulier Dalida qui fut sous contrat chez Barclay pendant quatorze ans. Eddie Barclay me reçoit très cordialement. On m'avait dit que c'était un « prince »… c'est vrai !

Nous signons un contrat d'un an à l'essai avec pour directeur artistique Guy Florian qui vient de chez Claude François. Là je pensais vraiment que mon heure avait sonné, que j'allais démarrer. Nous sommes l'été 78, en septembre nous commençons à faire des maquettes de mes chansons. J'ai l'impression que Guy Florian n'est pas très motivé, pourtant il vient parfois m'écouter chanter le soir à Pigalle. Je végète pendant une année au bout de laquelle Eddie Barclay me rend mon contrat. C'était un coup d'épée dans l'eau, retour à la case départ.

L'année suivante, Jean Vallée m'écrit une superbe mélodie sur des paroles de Jacques Demarny : « Et puis l'amour a disparu ».

La Rose d'Or d'Antibes 1979 et Jean-Jacques Debout

Je décide de présenter cette chanson à « La Rose d'Or d'Antibes 1979 ». Ce festival se déroulait en plein air, sur la pinède d'Antibes-Juan-les-Pins, face à la mer. C'était formidable. Pendant les trois éliminatoires, il y avait chaque soir une vedette : Joe Dassin, Carlos et Nicole Croisille qui avait gagné le prix du public en 1969.

Je sais que Jean-Jacques Debout avait remporté le premier prix en 1964 avec « Nos doigts se sont croisés », je décide de le contacter. J'obtiens son numéro de téléphone, je l'appelle :

— *Bonjour, je suis le candidat de l'émission* « Trois Minutes pour Devenir Célèbre » *de l'an dernier, pour qui vous avez voté, je m'appelle Jean-Jacques comme vous. Je voudrais participer à* « La Rose d'Or d'Antibes ». *Comme je sais que vous l'avez remportée en 1964, comment dois-je faire ?*

— *Ah, oui, je me rappelle très bien, dit-il. Je vais t'épauler et tu passeras directement en demi-finale.*

— *Wouah, merci, dis-je.*

J'apprends que l'orchestre est dirigé par Guy Motta, le pianiste de Dalida. Je l'avais croisé quelques fois lors de concerts de Dalida et j'avais remarqué que le courant ne passait pas très bien entre nous. Un soir, au Don Camilo, j'en parle à Armand Motta, pianiste et cousin de Guy.

— *Pas étonnant, il bégaye autant que toi !* dit-il.

Comme Jean Jacques Debout me l'avait promis, je me retrouve directement en demi-finale. Dany Saval m'avance l'argent pour les frais d'inscription. Avec Marie-France, ma copine de l'époque, je me rends en voiture à Antibes. J'arrive le matin avec mes partitions sous le bras pour la répétition. Jean-Marie Dohan m'avait écrit les arrangements. Guy Motta me reçoit froidement. Nous répétons ma chanson.

Après la chanson, je suis obligé de lui faire une remarque concernant l'orchestration. Il me regarde avec des yeux ronds :

— *Mais tu bégayes,* dit-il en bredouillant.

Dès cet instant, nous devenons les meilleurs copains du monde. Dans les coulisses, il me raconte des anecdotes sur Dalida, je suis aux anges. Même après le décès de Dalida, je reste en contact téléphonique avec Guy qui nous a quittés en novembre 2009.

Je n'ai jamais rencontré Jean-Jacques Debout. Pourtant nous avons des amis communs et il vient souvent à Montmartre. Je n'ai jamais eu l'occasion de lui dire que je suis fan depuis ses débuts, que je possède tous ses 45T. Que j'ai choisi son prénom pour mon pseudonyme. Déjà au cours de chant de Michette Lelong, je chantais certaines de ses chansons. Comme « Les boutons dorés » ou « Galaxie » en duo avec une certaine Gigi. Il est dit qu'on ne doit pas se rencontrer.

C'était une belle époque cet été 1979, il faisait beau, j'étais jeune, sans être un bellâtre, j'avais la beauté de la jeunesse. J'eus l'honneur de chanter ma chanson (en play-back) pour France3 Méditerranée sur une plage d'Antibes, aux côtés d'une splendide créature très peu habillée.

J'obtiens le prix du public, autrement dit, le troisième prix. Donc le moins important. Pour moi, c'est le plus important car c'est le public présent ce soir-là qui vote. Par le passé, beaucoup d'artistes ont eu le même prix que moi et sont devenus célèbres. Mais moi… personne ne s'en souvient !

Jacques Mesrine

Le 2 novembre 1979, je suis boulevard Ornano, je me rends aux Puces de Clignancourt en compagnie d'un pote qui est le sosie de Jacques Mesrine, l'ennemi n° 1. Il en est fier car son restaurant est tapissé de coupures de presse du vrai Mesrine.

Tout à coup nous entendons une « pétarade » et des sirènes de police. Nous nous précipitons porte de Clignancourt : Jacques Mesrine venait de se faire abattre par la police.

Avec le recul, je pense que nous avons échappé belle car il aurait suffi qu'un agent de police veuille faire du zèle, pour que mon pote se fasse « descendre » à la place de Mesrine.

Eurovision

En 1980, je décide de présenter une chanson au Grand Prix de l'Eurovision avec ma chanson « Il te reste la musique », qui est le titre de ce présent livre.

C'est une chanson dans le style du concours. C'est-à-dire : une belle mélodie assez facile à retenir avec des envolées de violons, un texte pas trop compliqué mais tout de même assez poétique. Il faut savoir que si on est sélectionné, on se produit en télévision devant 250 millions de téléspectateurs dont les trois quarts ne parlent pas français. Donc pas la peine de faire de la littérature. Comme je suis censé représenter la Belgique, dans le texte, je parle un peu de mon pays en faisant allusion à la chanson « Le Plat Pays » de Jacques Brel. Je participe aux éliminatoires à Bruxelles et je me fais rétamer.

La chanson finit dans un tiroir et y dormit pendant des années.

J'ai récidivé en 1995 avec ma chanson « Comme la mer » et je me suis de nouveau fait refouler. Le chanteur qui représenta la Belgique n'était pas plus connu que moi mais de bonne famille. Donc j'abandonnais. Puisque l'Eurovision de ne voulait pas de moi, je n'en voulais pas non plus et ne tentais plus jamais ma chance.

Quinze ans plus tard, une amie de Reims me demande ce qu'est devenue cette chanson « Il te reste la musique ». Je la ressors de mes tiroirs et la chante. Elle marche bien, je l'enregistre. Depuis, je la chante dans tous mes concerts. Lorsque je la chante devant un public qui ne la connaît pas, au premier refrain ils la fredonnent et à la fin de la chanson, ils la chantent avec moi. C'est même devenu la chanson la plus populaire de mon répertoire. Je pense que c'est ça une bonne chanson, même si je n'ai pas eu la chance d'aller à l'Eurovision !

Cette année j'ai pris ce titre pour le présent bouquin. J'espère qu'il me portera chance.

Une chance de pendu !

Entre-temps, je quitte ma chambre de bonne du 7e arrondissement pour un charmant petit appartement à Bagnolet près de la Porte des Lilas. Une toute petite maison au toit plat, sans cave et ni grenier, faisant partie d'un lot de trois petits logements. Une grande pièce, une salle de bain, une cuisine et une entrée.

J'adore ce logement. Il n'y a pratiquement pas de voisins, seulement Patrick Geoffroy le trompettiste de l'orchestre « Les Haricots Rouges » et son épouse, et un homme surnommé Nounours qui vit seul dans une petite maison au fond d'une cour intérieure. Avant d'appartenir à une vieille dame charmante, ce logement a appartenu au chanteur Pierre Louki l'auteur de la chanson « C'est la môme aux boutons, tons… aux boutons de culotte » chantée par Lucette Raillat.

En octobre 1983, je chante à « L'Ambigu » de Lyon. Nous sommes le week-end de Toussaint, le cabaret ferme le 29 octobre.

Je rentre en train à Paris vers 23 heures. Étant donné que j'habite au rez-de-chaussée, afin de chercher mon courrier à la boîte aux lettres qui se trouve au portail de la cour intérieure voisine, j'enjambe la fenêtre de ma cuisine et me dirige dans la pénombre. Lorsque tout à coup, je me cogne contre un corps. Je comprends immédiatement qu'il s'agit d'un corps humain suspendu. Pendant quelques secondes c'est l'horreur.

Vite, je remonte par cette même fenêtre dans ma cuisine, j'allume et là… je reconnais Nournours, mon voisin. Il s'est pendu avec une corde à linge. Crime ou suicide ? Apparemment suicide.

Grâce à une lettre datée qu'il a écrite, on sait qu'il est pendu depuis le 16 octobre. C'est-à-dire 13 jours.

Comme je m'absente souvent, j'ai fait couper mon téléphone et il n'y a pas encore de téléphone portable. Je referme la fenêtre, file téléphoner, appeler les secours, chez un voisin, un bistrot de banlieue évidemment fermé à cette heure. Il ne me croit pas et vient voir le « spectacle ». Il appelle la police qui débarque chez moi pendant plusieurs heures avec l'identité judiciaire pour enquêter s'il s'est pendu ou si on l'a pendu. Heureusement qu'il a laissé un message.

Depuis on raconte dans le show-biz que j'ai une chance de pendu ! C'est peut-être comique mais je me suis payé une trouille carabinée. Si je l'avais vu en plein jour, je pense que j'aurais eu moins peur. Je n'ai plus jamais dormi dans cet appartement. Le soir même, j'allai dormir à Montmartre chez mon amie Michèle Patrick.

Ma découverte de l'Afrique

En février 1984, quelques mois après mon histoire de « pendu », Victor Sissa mon agent artistique, me déniche un contrat de trois mois renouvelables à l'Arisbar, un club de jazz de Douala au Cameroun. Je viens de faire un mois à Bourges où il fait froid, j'arrive à Douala où il fait 40°. Quel dépaysement !

Le très sympathique propriétaire est Alain Lebourre, un Bordelais marié à une Camerounaise.

Je m'accompagne à la guitare ou avec bandes orchestrales. Pour certaines chansons, je suis accompagné par le petit orchestre maison composé de cinq musiciens qui ne savent pas lire les partitions mais tous très doués naturellement. Je me souviens d'Édouard le batteur qui vient plus tard en France pour accompagner le chanteur Bernard Lavillier.

Il y a également Coco Ateba qui plus tard en France a chanté le générique de l'émission « Frou-Frou » de Christine Bravo.

À cette époque, le préfet de police de Douala, très important dans ces pays, s'appelle Jean-Jacques N'Dolo et sa femme se prénomme Divine. Coïncidence ! Lorsque j'interprète « Divine », la très belle chanson de Jean Vallée, c'est le délire.

Dès ce jour, j'avais sa carte de visite dans mon passeport, c'est un sésame. Lors des contrôles de police très fréquents, je suis couvert.

La clientèle est composée de 60 % de coopérants blancs et de 40 % de noirs de la haute société camerounaise.

À peine arrivé depuis une semaine, j'ai une rage de dents de sagesse. Il faut m'opérer. Nous sommes au début de l'épidémie du Sida. Il est certain que le patron ne va pas me payer un billet d'avion pour me faire opérer en France. Donc je déniche un chirurgien-dentiste libanais qui accepte de m'opérer d'urgence. Je me méfie de la propreté des ustensiles mais je n'ai pas le choix.

Le soir, je chante à moitié groggy. Tout se passe bien, sauf que je me paye une trouille bleue, craignant que les ustensiles ne soient pas très bien stérilisés.

Quelque temps plus tard, le patron emmène son épouse pour accoucher en France. Il me confie les rênes du club. Je suis le seul blanc entouré de noirs. Je m'entends très bien avec tout le monde et tout se passe très bien, sans histoires.

Un soir nous avons la visite du célèbre saxophoniste camerounais Manu Dibango. Le « grand Manu » comme on l'appelle, est très sympa. Il assiste à mon tour de chant et me baptise : « Fils spirituel de Jacques Brel ». Rien que ça !

Douala est une ville qui vit surtout la nuit (comme la plupart des villes des pays chauds). La journée c'est ville morte mais la nuit à partir de dix-neuf heures la ville se réveille. Comme il fait moins chaud que la journée, les gens se rassemblent en groupe autour des terrasses des cafés et brasseries. L'Arisbar où je me produis chaque soir, ouvre vers vingt heures et ferme à deux heures du matin. Commence alors une nuit de débauche en sorties en boites de nuit et même parfois dans de petits bars clandestins où je me retrouve seul blanc entouré des musiciens noirs, buvant du whisky de contrebande. Au lever du jour, je rentre dans l'appartement qui m'est destiné, parfois un peu ivre. Je dors et le lendemain je recommence.

Un soir, un taxi transportant quatre clients, roule à vive allure sur le boulevard de la Liberté, juste en face de l'Arisbar. Au moment de prendre le pont qui enjambe le Vouri, il rate son virage. Il tombe dans le fleuve. Il est deux ou trois heures du matin. Personne ne sort vivant de cet accident. Vers huit ou neuf heures, une grue vient extraire le taxi du fleuve. Horreur, il ne reste que des lambeaux de corps déchiquetés. Ils ont été dévorés par des barracudas.

J'ai adoré chanter au Cameroun. Les gens sont très gentils et accueillants.

Un dimanche, je suis invité à déjeuner chez Roger, le maître d'hôtel du cabaret. Il veut me faire partager avec sa famille le « n'dolé », plat familial camerounais. Il vient me chercher en voiture et nous allons dans son petit village en périphérie de Douala.

Nous arrivons dans sa maison. Je suis accueilli comme une star par les membres de sa famille. Un de mes posters trône au mur du séjour. Comme il fait chaud, les fenêtres sont sans carreaux. Des tentures légères masquent le soleil brûlant de cet après-midi et plongent la pièce dans une pénombre agréable.

Pendant le repas, nous apercevons des petites têtes noires qui soulèvent le rideau et nous regardent. Ils nous appellent. Nous sortons les voir : quatre ou cinq gosses de quatre ou six ans, à moitié nus, sont en train de danser sur les musiques de Michael Jackson.

Après leurs « prestations », ils tendent la main pour qu'on leur donne quelques pièces. C'était charmant !

Maxime Le Forestier

Un jour, je suis engagé pour participer au gala de l'amitié franco-camerounaise. Étant donné qu'à Douala, il n'y a pas de salles de concert, ça se déroule au cinéma « Le Wouri » du nom du fleuve qui traverse la ville.

Nous ne savons pas qui va passer en vedette pour ce gala sauf que c'est un artiste de France.

En fin d'après-midi, j'arrive dans ce cinéma pour faire la balance son. Tout à coup, la porte s'ouvre, apparaît Maxime Le Forestier accompagné du guitariste Jean-Félix Lalanne (le frère de l'autre).

Maxime se souvient vaguement de m'avoir croisé une dizaine d'années plus tôt au Festival de Spa. Il me demande ce que je fais là. Je lui raconte que je chante dans un club tous les soirs.

Arrive le moment du concert, je fais ma prestation avant Maxime. Je n'ai pas le temps d'assister à son tour de chant car je dois rejoindre les musiciens de l'Arisbar.

Une heure plus tard, je suis en train de chanter au Arisbar lorsque débarquent Maxime et Jean-Félix. Ils s'assoient discrètement dans un coin et m'écoutent chanter.

En 1971, je n'avais pas eu tellement de contacts avec Maxime. Nous étions chacun dans notre truc, préoccupés par nos prestations. Là, c'est différent, je veux faire honneur à Maxime en entamant « La Petite Fugue », chanson qu'il avait composée et qu'il chantait au Festival de Spa en duo avec sa sœur Catherine.

Maxime se lève et vient me rejoindre sur la petite scène. Je pense qu'il veut emprunter ma guitare et chanter SA chanson lui-même. Il faut dire qu'il joue superbement de la guitare, beaucoup mieux que moi.

Et bien non, il se met à ma droite, son bras autour de mon épaule et chante la seconde voix de la chanson, celle qu'il faisait avec sa sœur.

J'ai trouvé ça très gentil et humble. Nous avons terminé la soirée en buvant quelques verres.

Le lendemain matin, je rejoins Maxime et Jean-Félix à leur hôtel et nous prenons un petit déjeuner avant qu'ils prennent leur avion pour rentrer en France. Voilà nos belles retrouvailles en Afrique.

Je suis retourné à Douala à plusieurs reprises toujours pour une durée de trois mois minimum.

Kinshasa (Zaïre)

Un jour, étant toujours au Cameroun, je suis engagé par la Sabena, ligne aérienne belge, pour me produire le 21 juillet (jour de la fête nationale belge) à Kinshasa au Zaïre, ex-Congo belge.

J'arrive le vendredi à Kinshasa. Une grosse voiture noire avec des gardes du corps m'attend à l'aéroport. Je me dis : *Tiens, je suis une star au Zaïre !*

On me conduit en ville à l'Hôtel Intercontinental où je dois me produire le lendemain. À la réception, on me demande ne pas sortir seul, de prévenir l'hôtel de mes déplacements. Je dois laisser mes bijoux (bagues et montres) dans le coffre de l'hôtel.

C'était l'époque du drame du reporter français Philippe de Dieuleveult qui venait de disparaître dans les chutes d'Inga. La ville était truffée de militaires. Donc je fais mon concert le samedi soir et le dimanche, je reprends l'avion pour le Cameroun.

Tout ce que j'ai vu de Kinshasa est l'aéroport et l'hôtel.

Cabaret de Labruguière

Un été, je suis engagé pour me produire pendant un mois dans un charmant petit cabaret : le « Shangria » à Labruguière, dans le sud de la France, entre Castres et Mazamet. Situé tout en haut d'une colline, au bout d'une petite route sinueuse au milieu d'un petit bois, un vrai chemin de chèvres.

Il est tenu par Roger et Jeannette, un couple sympathique. Nous devenons rapidement amis. Accompagnés de leurs deux enfants, nous passons les jours de repos dans leur petite maison cachée dans la montagne.

Ce cabaret est principalement fréquenté par de jeunes militaires casernés à Castres. Il y passe aussi bien des strip-teaseuses, que des magiciens ou des chanteurs.

Tout se passe très bien jusqu'au jour où il y a une bagarre entre militaires. Il n'y a pas de blessés mais de gros dégâts matériels. Roger dépose plainte.

Quelques jours plus tard, un des militaires concernés vient demander à Roger de retirer sa plainte car pour son avancement il lui faut un casier judiciaire vierge. Roger lui répond qu'il ne peut plus retirer sa plainte car l'enquête est en cours, par contre, il peut déclarer lors du procès, qu'il s'est arrangé à l'amiable. Le militaire reste plusieurs heures au bar à boire avec Roger.

Vers quatre heures du matin, les artistes quittent le cabaret pour rejoindre leurs hôtels. Pendant que Roger et le militaire continuent de boire, la barmaid passe l'aspirateur. Tout à coup, le ton monte et une dispute éclate. La barmaid n'entend rien à cause du bruit de l'aspirateur.

Le militaire empoigne Roger par le col. Roger s'empare d'un pistolet à grenailles qu'il cachait derrière le bar et tire sur le militaire. Il faut savoir qu'un pistolet à grenailles ne tue pas, il envoie seulement de la grenaille.

Le militaire est touché et sort de son veston un vrai pistolet. Il tire et Roger s'écroule derrière le bar. La barmaid reçoit une balle perdue dans la tempe et perd connaissance. Ensuite le militaire, passe derrière le bar, traîne Roger sanguinolent et le tabasse à l'aide d'un tabouret jusqu'à ce que mort s'ensuive. Le militaire s'enfuit.

Quelque temps plus tard, la barmaid revient à elle, par chance la balle a fait ricochet contre l'os de la tempe. Elle découvre l'horreur et court à travers bois jusqu'au village pour appeler les secours. La police vient sur le lieu. Roger est décédé de ses blessures tellement le militaire s'est acharné sur lui.

Les enquêteurs retrouvent facilement le militaire qui est arrêté. Un procès s'en suivit. Verdict : quatorze ans de prison, il n'en fit que sept.

Je trouve que ce n'est pas cher payé pour avoir fait une veuve et deux orphelins !

Je continue ainsi la tournée des cabarets, soit en province, soit à Paris, jusqu'en été 1986 où je vais découvrir le Québec.

Québec

Robert Cogoi, le chanteur belge dont j'avais été choriste dans les années soixante, a fait plusieurs tournées au Québec. Il y est très connu, sa chanson « Je m'sens très seul » y est un standard. Il m'a beaucoup parlé de ce pays et surtout de ses habitants, un peuple charmant, attachant et accueillant. Et en plus, ils aiment la « Bonne et vraie chanson française » !

En Belgique et à Paris, j'ai eu l'occasion d'applaudir et d'apprécier Félix Leclerc dans son tour de chant. Depuis des années, je chante « Le P'tit Bonheur » comme chanson d'entrée.

Au mois de juillet 1986, je suis invité par mon amie Huguette de Bruxelles, pour un mois à Montréal. Je ne sais pas que je prolongerai ce voyage de trois mois. Nous sommes reçus par Pierrette Héon, que j'ai rencontrée en Belgique quelques années avant alors qu'elle faisait ses études d'infirmière.

Tout de suite, je me renseigne pour connaître les « boîtes à chansons ». Ce qu'on appelle chez nous un cabaret est pour les Québécois un plateau pour servir des verres. Je découvre dans une revue spécialisée qu'en juillet, à Montréal, il y a beaucoup de spectacles. Des festivals de jazz mais aussi de la chanson française. Je lis :

Au programme ce soir, au Bistrot d'Autrefois, rue Saint-Hubert à Montréal, la chanteuse Clotilde, venue de France.

Je me souviens de Clotilde, une auteure-compositrice-interprète de talent que j'ai croisée au « Lapin Agile » vers 1980. Elle chante des chansons très bien écrites, parfois sentimentales mais souvent avec une pointe d'humour. J'adore ! Avec mes amis nous décidons d'y passer la soirée. Je pousse la porte, Clotilde est en train de chanter, elle me reconnaît et me salue entre deux chansons.

Le « Bistrot d'autrefois », aussi appelé « La boîte à Lily » du nom de sa propriétaire, une femme haute en couleur, d'origine égyptienne avec tout ce que cela comporte d'exubérance mais aussi de gentillesse, est un restaurant-spectacle de quatre-vingts couverts environ.

Les clients mangent à partir de 18 heures, assez tôt comme partout au Québec. Vers 21 heures, après le repas, commence le spectacle. Défilent alors sur la petite scène, des artistes s'accompagnant soit à la guitare soit par Marie-Perle, la pianiste maison.

Ce soir-là, après son tour de chant, Clotilde me prête sa guitare. Je monte sur scène et je chante quelques chansons. Lily m'engage la semaine suivante. Mes concerts chez Lily ont beaucoup de succès. Je m'accompagne à la guitare et pour quelques chansons avec des bandes orchestrales. Mes chansons et celles de Jean Vallée plaisent aux Québécois. Ils aiment les beaux textes et respectent les artistes. Un silence total pendant les chansons. Dès la fin de la chanson, les applaudissements sont enthousiastes. Le son y est très bon, donc je réalise un enregistrement « live ».

Un soir, Clairette, artiste marseillaise très connue au Québec pour avoir reçu Jacques Brel dans son cabaret, vint m'écouter.

Il paraît qu'un jour, il y a la chanteuse Lynda Lemay en première partie.

Elle vient de remporter le Festival de la Chanson de Granby. Je ne m'en souviens pas. Dommage.

Quelques années plus tard, je vais applaudir Lynda Lemay en concert à Laon, dans le nord de la France. Le directeur du théâtre me présente comme un chanteur de la région. Elle me reconnaît en disant : « C'est toi qu'on appelait une grande gueule de Belge ? »

Faut dire qu'à l'époque je chantais « Le Procès » une chanson de Jean Vallée qui parlait d'un procès de l'amour. Un journal avait titré : « Kira une grande gueule de belge ! »

Nous faisons un échange de CD, je lui offre celui enregistré en « live » au Bistro de Montréal et elle me donne sa compilation.

Raymond Lévesque chez Clotilde

Plus tard, Clotilde s'occupe d'une boîte à chansons « La Butte Saint-Jacques » dans le vieux Montréal. Elle m'engage, je fais même la réouverture.

Un soir, nous avons la visite de Raymond Lévesque, le talentueux auteur-compositeur de « Quand les hommes vivront d'amour », chanson reprise par beaucoup d'artistes. Notamment : Gilles Vigneault, Félix Leclerc et Robert Charlebois en 1974 lors de la « Superfrancofête » sur les plaines d'Abraham à Québec. Il a également écrit et composé « Bozzo-les-Culottes ».

Il est habitué des « Boîtes à chansons ». Il ne chante plus mais aime venir écouter les jeunes artistes. Je rencontre un homme très modeste au vu de son grand talent. Il me dédicace son recueil de poésie.

Je découvre le vieux quartier de Montréal et ses boîtes à chansons. Je visite aussi d'autres villes : Trois-Rivières la ville des artistes, Québec. Je tombe littéralement amoureux du Québec. Plus de trente ans plus tard, je suis toujours sous le charme. Les Québécois sont très accueillants. Lorsque l'on parle de l'hospitalité québécoise, ce n'est pas un vain mot.

En automne 1988, je suis l'invité d'une émission de radio de Jacques Cossette, à Radio-Canada, présentée par Jacques Boulanger. Elle est diffusée en direct le dimanche vers 15 h.

Après interview, je chante deux chansons : « La Vague » de Jean Vallée et « Le P'tit Bonheur » de Félix Leclerc. Un orchestre de quatre ou cinq musiciens m'accompagne. Je n'ai pas toutes les partitions mais ces musiciens sont très doués et en une seule répétition, les chansons sont au point.

Chanter en direct pour une émission de radio, avec des musiciens, hélas, ça ne se faisait plus en Europe depuis des années.

Gilles Vigneault est le chanteur québécois peut-être le plus connu au monde. Il passe en vedette dans cette émission. J'arrive très en avance à la radio. Je vois un homme avec de longs cheveux blancs attablé en train d'écrire. Lorsqu'il lève la tête, je reconnais Gilles Vigneault. Nous buvons un café ensemble en discutant tout simplement, en toute modestie. Il est très sympa.

Comme la plupart des artistes québécois, il est très curieux des autres. Ce qui est de plus en plus rare chez nous en Europe !

En France, certaines mauvaises langues prétendent que le show-business québécois à 20 ans de retard sur la France… et bien, cela ne me dérange pas, au contraire.

Gérard Thibault

Une autre belle rencontre fut celle de Gérard Thibault.

À vous lecteurs européens, ce nom ne dira peut-être rien et pourtant ce fut le plus important directeur de « Boîtes à chansons » de tout le Nord-américain francophone des années d'après-guerre.

Il m'est présenté à Québec en automne 1988 par mon ami Jean-Claude Putseys, Belge d'origine, qui s'est installé libraire dans la banlieue de Québec. Je découvre un homme charmant, plein d'humilité et qui pourtant fut d'une importance capitale dans l'essor de la chanson francophone au Québec.

Avec ses frères Émile et Jean, il créa plusieurs établissements : Chez Gérard, Chez Émile, La Porte Saint-Jean. Il recevait des artistes québécois mais aussi francophones d'Europe. Ainsi le premier artiste français à se produire « Chez Gérard » fut Charles Trenet.

Ensuite tous les Français (ou presque) s'y sont produits : Aznavour, Édith Piaf, Gilbert Bécaud, Dalida, Colette Renard, Gloria Lasso, Annie Cordy, Les Compagnons de la Chanson, etc., etc. Il m'est impossible de tous les citer. Sans oublier bien entendu tous les artistes québécois de Gilles Vigneault à Ginette Reno.

Nous avons sympathisé, lors d'une séance de dédicaces de son livre de souvenirs : « La Petite Scène des Grandes Vedettes ». Étant très curieux de tout ce qui touche le métier d'artiste, je l'écoutais me raconter ses souvenirs de spectacle, j'étais béat. Nous avons passé tout un après-midi à chanter.

Depuis, Gérard Thibault nous a quittés, mais je garde un excellent souvenir de ce vieux monsieur si humble et aimable.

Retrouvailles improbables !

C'est au cours de cette émission de Radio-Canada que je retrouve mes amis, la famille Fanna.

J'ai connu Albert Fanna en 1973 lorsque je faisais des petits boulots à Bruxelles. Il venait m'écouter en concerts les week-ends avec Dominique, sa future épouse. Entre-temps je suis parti à Paris et nous nous sommes perdus de vue. Ils sont installés au Québec depuis plusieurs années.

Ce dimanche après-midi, Dominique est en train de faire la vaisselle du repas dominical en écoutant la radio. Elle entend mon nom et téléphone à Radio-Canada. Elle obtient mon contact à Montréal, me téléphone et nous nous retrouvons. Si je n'avais pas été chanteur, j'aurais pu habiter cette grande métropole pendant des années sans jamais nous rencontrer. Hélas Dominique nous quitte brusquement, elle décède en août 2018.

Revenons à la fin du mois d'août 1986. Mon amie Huguette rentre en Belgique. Je reste et prolonge mon séjour jusque mi-octobre. Fin septembre, je découvre l'été des Indiens. Superbe saison où les érables prennent de fabuleuses couleurs rousses et ocres.

Je découvre Sylvie Bernard, chanteuse amérindienne qui écrit ses propres chansons mais a également Barbara à son répertoire.

Je loge ici et là chez des amis de rencontre. Hélas, je dois rentrer en France. En fait, entre 1986 et 1991, je ferai de fréquents aller-retour au Québec.

Jean Viau

Très vite, je fais connaissance de Jean Viau, auteur-compositeur-interprète avec qui je me lie immédiatement d'amitié. Il écrit et chante de belles chansons dont certaines ont eu des prix de poésies. Jean Viau est quelqu'un que j'aime beaucoup. Il est très sensible et bourré de talent. Nous nous retrouvons avec plaisir à chacun de mes voyages au Québec. J'habiterai même quelque temps chez lui.

En 2016, j'ai enregistré sur CD une de ses chansons très originales « Vous n'avez pas l'air de me croire ».

Ce sont essentiellement des artistes québécois qui me font découvrir le show-business québécois. Clotilde et Jean me présentent dans d'autres endroits où me produire. Jean Viau est associé dans un bar à chansons « Le P'Tit Bar » rue Saint-Denis, j'y chante également.

Je découvre Québec ville. Je chante au « Pape Georges », un bar à vin sympathique où se produisent des chanteurs à textes.

J'y croise Pierrot Fournier, auteur-compositeur, qui est connu grâce à ses compositions mais aussi au répertoire de Jacques Brel qu'il interprète merveilleusement bien.

Pour les fêtes de Noël, j'ai l'occasion de chanter à Chicoutimi et à Jonquière dans le Saguenay. L'ami québécois qui me conduit habite cette région. Quel dépaysement ! Nous partons de Montréal vers 18 heures, passons par Trois-Rivières et Québec, pour arriver dans la nuit à destination. La longue route traverse le parc des Laurentides et une forêt d'arbres couverts de neige. C'est féerique. Pas une ville, pas un village, rien que des arbres et des arbres enneigés.

Après des heures de route, avec mon esprit étroit d'européen, j'ai l'impression d'arriver au pôle Nord.

Au bout de cette longue route déserte, la vie reprend et les villes et les villages apparaissent au bord du lac Kénogami. Je fais connaissance de la famille Harvey's qui habite au bord du lac dans une maison toute en bois. Je reste chez eux une bonne dizaine de jours. Dommage que les années passant, nous nous soyons perdus de vue.

L'hiver le thermomètre descend jusqu'à vingt degrés sous zéro. Les Québécois sont habitués à vivre dans ces rudes conditions hivernales.

Je me souviens avoir chanté à Québec pour les fêtes de Noël. Les trottoirs étaient recouverts d'une épaisse couche de glace. On ne pouvait pas se tenir debout. Je n'avais jamais vu ça en Europe.

Chez nous, cinq centimètres de neige, et la ville est paralysée. Tandis qu'au Québec les voitures roulent en zigzag, mais elles roulent. Des jeunes m'ont ramené en voiture au domicile que j'occupais. J'ai eu la trouille de ma vie !

Immigration québécoise ratée !

J'aurais bien aimé m'installer définitivement au Québec, seulement voilà, les autorités canadiennes, dont dépend le Québec, sont très frileuses quant à laisser entrer n'importe qui sur leur territoire. Pour obtenir le statut de résident, il faut exercer un métier que le Canada a besoin. Des chanteurs, ils en ont, et des bons. Ils les envoient même chez nous en France. J'aurais peut-être dû épouser une Québécoise mais même cela ne suffit pas. Ou bien venir avec beaucoup d'argent.

En 1991, je chante au « Pape Georges », dans le vieux Québec. Je me produis jeudi, vendredi et samedi. Je loge chez mes amis les Putseys à Cap-Rouge en banlieue de Québec.

Un mercredi soir, le barman du « Pape Georges » me téléphone pour me prévenir que des gens du service de l'émigration sont dans la salle et me demandent. Le barman leur dit que mon contrat est terminé. Il a entendu qu'ils reviendront le lendemain, pour me « pogner » comme on dit au Québec.

Le lendemain, je vais au « Pape Georges » comme prévu mais je ne chante pas. Les copains insistent pour que je chante mais je refuse, mon « contrat » étant terminé. Les gars de l'émigration ne sont pas dupes, les murs sont recouverts de mes affiches. Pour m'arrêter, il aurait fallu qu'ils me prennent sur le fait en train de chanter.

Après cette déception, je rentre en France. À l'aéroport, je suis appelé au bureau de l'émigration où ils me posent des tas de questions. Je décide de ne plus revenir pendant quelque temps afin de me faire oublier. Je retournerai néanmoins au Québec trois ans plus tard.

Je pose mes valises à Reims

Au début des années quatre-vingt-dix, après des années d'errance et de déménagements, habitant ici et là, j'ai envie de poser mes valises définitivement quelque part. J'ai beaucoup travaillé à Vichy et y suis un peu connu mais c'est loin de Paris et le TGV n'existe pas encore. Aussi en 1991, je décide de m'installer à Reims, où j'ai également beaucoup chanté. Je me dis que si au bout de quelque temps, ça ne marche pas, je choisirai une autre ville. N'ayant pas d'enfants ni de famille proche (mon frère Jean et ma sœur Emma habitent en Belgique), je peux m'installer n'importe où pourvu que ce ne soit pas trop loin de Paris.

À Reims fin 1991, je rencontre Bernard, un gars du nord. Il vient d'ouvrir le bar « Le Pierre de Lune », place d'Erlon dans le centre-ville. Nous sympathisons de suite, il m'engage pour animer son bar tous les jours du dimanche soir au jeudi soir. La place d'Erlon, place principale de Reims, était en travaux pour la construction d'un grand parking. De ce fait la clientèle s'est raréfiée. J'ai besoin de travailler et Bernard a besoin de moi.

À cette époque, il y a encore des soldats casernés à la base 112, ce qui fait une clientèle jeune qui m'adopte immédiatement.

Les week-ends, je cherche des petits contrats. Michel Hendrick, d'origine belge, vient d'ouvrir l'Escalier, un club très populaire. Il m'engage, je deviens l'artiste « maison ».

Je trouve également des engagements dans les caves de champagne pour des soirées privées.

Tout marche tellement bien, au-delà de mes espérances, que trois mois plus tard, j'enregistre un nouveau disque, mon premier CD. J'ai vraiment trouvé mon public.

Pendant une vingtaine d'années, je tourne énormément. Avec ma petite sono, j'écume les villages de la région. Je chante le plus souvent accompagné à la guitare mais parfois accompagné de bandes musicales.

Sacrée Soirée et à l'Affiche

Thierry Potier est le « boss » du grand orchestre rémois « Sacrée Soirée ». C'est une formation de vingt-cinq musiciens et chanteurs, qui se produit dans bals et soirées de la région. Thierry m'engage afin de faire des apparitions dans leurs soirées. C'est formidable de chanter avec de bons musiciens, une bonne sono et de bons éclairages.

En 1995, cet avec cet orchestre que j'enregistre ma chanson « Comme la mer » et la présente aux éliminatoires de l'Eurovision en Belgique. Résultat : je suis éliminé pour la seconde fois !

En quelques années, j'enregistrai pas moins de sept CD qui se vendirent très honorablement sur la région et décidai de donner un ou plusieurs concerts dans une salle plus importante.

Je choisis l'Affiche, un petit théâtre de 250 places. Pour ces concerts j'engage un grand orchestre : huit violons, un pianiste, un bassiste, un batteur, le tout dirigé de main de maître par mon vieux complice Jean-Marie Dohan. Le son est tellement bon que j'y enregistre un CD « live » et un DVD réalisé par les élèves du lycée St Jean-Baptiste de la Salle de Reims.

À quatre reprises, je chante à « l'Affiche ». Je prends en première partie mon ami Philippe André, auteur-compositeur-interprète de talent. Il chante évidemment ses propres chansons. Il est vraiment doué pour tout. Depuis vingt ans, il réalise mes pochettes de disques, mes cartes postales et mes posters.

Quelques mois plus tard, je participe au « Concert des années 60 » au club « La Cerisaie » à Reims. Je passe en première partie en compagnie du groupe rémois « Les Lionceaux » qui avait accompagné Johnny Hallyday dans les années soixante. Herbert Léonard passe en vedette avec son tube « Pour le plaisir ». J'ouvre le spectacle. Donc, pour rester dans le style du concert, je ne chante qu'une chanson de ma composition et ensuite… vingt minutes de meddley des années soixante. La salle entière chante avec moi.

Dans la salle se trouve Bertrand Lasseguette, un journaliste itinérant que je ne connais évidemment pas, qui fait des critiques ou comptes rendus du spectacle sur Internet. Il va de ville en ville, s'installe anonymement au milieu du public. Le lendemain, il écrit un article très élogieux à mon égard.

En 2002, j'enregistre un CD de chansons originales, presque toutes de ma composition. Le titre phare est « Mon Enfance », une chanson autobiographique.

Les Pow-Wow

Un jour, je suis engagé par un agent artistique rémois pour faire la première partie des « Pow-Wow », un groupe vocal très en vogue avec leurs tubes « Le chat » et la reprise du « Lion est mort ce soir ». Je trouve ça sublime. Ils chantent « a capela », sans musiciens, uniquement des voix. Ils marchent très fort en cette année 1993.

Dans l'après-midi, je me rends donc au Grand Théâtre de Reims pour ma répétition. J'arrive dans les coulisses avec mon gros magnéto pour mes bandes orchestre. Un jeune régisseur me reçoit tellement froidement que je manque repartir.

– *Je n'aime pas les premières parties,* dit-il, *alors si vous vous cassez la gueule. . . ce sera tant pis pour vous !*

Je prends sur moi car j'ai vraiment envie de faire ce concert. Je commence ma répétition. Les quatre Pow-Wow sont très sympas, ils m'aident pour « faire » mon son et mes éclairages.

Le soir, je n'ai même pas le trac, tellement la connerie de ce régisseur m'a dopé. Je chante mes huit chansons accompagnées par bandes musicales. Je ne peux pas prendre un « bide » sinon ce jeune blanc-bec se marrera. Donc, je me démène comme un malade et je fais un triomphe, obtenant même un rappel. J'avais gagné.

Le régisseur me retrouve en coulisses et s'excuse, me proposant de faire trois autres dates avec eux. Je chante donc avec les Pow-Wow à Reims, Épernay et à Troyes.

Les Pow-Wow, cela les arrange bien qu'un artiste fasse leur première partie. Car sinon ils font un concert de deux heures, et deux heures de concert « a capela », c'est long. Parfois les gens sortent avant la fin du concert. Avec un artiste en première partie, ils ne font qu'une heure et demie. Ils me demandent de faire le reste de la tournée nationale.

L'agent artistique rémois téléphone à Camus Productions, leur imprésario parisien, qui refuse de m'engager pour le reste de la tournée.

Deux ans plus tard, les Pow-Wow commencent à lasser. Pour Camus Productions, c'est pas un souci. Si les Pow-Wow ne marchent plus, on en trouvera d'autres. C'est la loi du show-business !

Tournée Age Tendre

Une incroyable expérience ! La tournée Age Tendre sillonne la France, un jour elle s'arrête à Reims. Dans ce spectacle, il y a mon ami le chanteur Michel Orso, créateur de la chanson « Angélique » en 1966/67, que j'ai croisé dans plusieurs cabarets. Nous nous retrouvons et il me propose de chanter une chanson. Michel Algay le producteur de la tournée est d'accord. Ainsi durant cinq ou six ans, chaque fois que la tournée passe par Reims, je participe au spectacle, en supplément de programme. Je suis en quelques sortes, la « mascotte » de Reims.

C'est fabuleux de chanter dans de telles conditions : une scène immense, une sonorisation d'enfer, des éclairages de star.

Il y a deux spectacles par jour, une matinée et une soirée. Donc dans la salle du Parc Des Expos de Reims, en deux concerts, plus de sept mille personnes me voient en une seule journée.

Je côtoie toutes les vedettes : Hervé Vilard que j'ai croisé chez Tréma à l'époque de « Pénélope », Michèle Torr, Isabelle Aubret, Sheila, Patrick Juvet, Herbert Léonard, Richard Anthony, Cigliola Cinquetti (Eurovision 64 avec « Non ho l'eta per amarti »), Daniel Gérard, Franck Alamo, Stone et Charden, Marcel Amont, Demis Roussos, Michel Delpech, Patrick Topaloff, etc., etc., et bien sûr Michel Orso. J'y retrouve aussi Annie Cordy. J'en oublie certainement.

J'ai le souvenir de Patrick Carrier, régisseur général, qui nous a quittés depuis. Un homme généreux qui me reçoit comme si j'étais une vedette.

Une année, Dave et Annie Cordy sont au programme. Dave d'origine hollandaise et Anne Cordy belge comme moi, nous sommes les seuls à parler flamand. C'est l'occasion pour Dave de me « draguer » gentiment. Il me dit, en flamand :

— *Tu as de beaux yeux !*

Annie éclate de rire en disant que j'ai la « cote » avec Dave. Ce n'était pas méchant, simplement marrant.

Chaque année le spectacle est présenté par une personnalité différente. Parfois Denis Fabre ou Julien Lepers ou Didier Gustin ou Jean-Pierre Descombes, etc., etc. Une année c'est Pierre Douglas, imitateur officiel de Georges Marchais que j'ai croisé au Don Camilo, qui est censé me présenter. Étant donné que je ne fais pas partie officiellement de la tournée, il refuse de me présenter. Qu'à cela ne tienne, Jean Sarrus des Charlots me présente admirablement bien. Peut-être mieux que l'aurait fait Pierre Douglas !

Georges Moustaki

Une autre belle rencontre est celle que j'ai eu l'occasion de vivre avec Georges Moustaki.

À la moitié des années 1990, je chante à Montmartre. Le lundi est jour de relâche. Accompagné de ma petite chienne Mimi, je vais manger dans un petit restaurant de l'île Saint-Louis. Il n'y a pas grand monde. Au fond de la salle, un homme mange seul, avec des cheveux blancs, il ressemble étrangement à Moustaki. Je m'informe auprès du serveur, c'est bien lui, il habite à côté. J'admire ses chansons. Celles qu'il chante et celles qui a écrite pour d'autres interprètes comme Serge Reggiani et surtout « Milord » pour Édith Piaf.

À la fin de mon repas, je risque le tout pour le tout. Je me lève et vais le saluer. Il m'accueille très chaleureusement, il m'invite à m'asseoir et nous prenons un café ensemble. En fait, nous sommes restés plus d'une heure à discuter. Quel homme extraordinaire !

Nous parlons évidemment chansons. Il est très curieux des autres, me demandant ce que je fais, comment je vis. Il me parle des femmes ou plutôt de LA femme. Pas du tout en terme vulgaire mais plutôt admiratif. Je n'ai jamais rencontré quelqu'un qui sublimait autant la femme. Nous avons été obligés d'arrêter notre échange car le restaurant allait fermer.

Rencontre certes fugace mais très intéressante.

C’est une belle histoire

Un jour d’été, un copain pianiste me demande d’aller nourrir ses chats pendant qu’il est en vacances. Vers 19 h 30, je m’y rends avec mon ami Philippe André et Marie, son épouse.

En arrivant, nous découvrons, caché dans un fourré, un tout petit bébé chat d’une douzaine de centimètres. Il semble appeler sa maman. Nous le laissons là, pensant que sa maman va certainement venir le chercher lorsque nous serons partis. Nous allons dîner, très perturbés par ce tableau de ce petit être vivant abandonné.

Vers 23 heures, nous avons des remords. Nous retournons sur place. Le petit bébé chat est toujours là. Nous essayons de lui donner un peu de lait ou de l’eau, il ne veut rien avaler. Nous ne pouvons pas le laisser là sans rien faire.

En attendant de décider de ce que nous allons faire le lendemain matin, je décide de le prendre chez moi. Je le couche à côté de moi, sur mon lit, dans une boîte à chaussures. Ma chienne Zaza est aussi très sensible à ce petit être, elle se couche à côté de la boîte. Je ne dors que d’un œil, très préoccupé par ce petit chaton.

Vers 9 heures du matin, Marie et moi décidons d’emmener ce pauvre bébé chat à la S.P.A. de Reims. Nous sommes accueillis par la très charmante responsable.

— *Par chance,* dit-elle, *nous venons de recueillir une chatte qui vient de mettre au monde trois petits chatons. Nous allons essayer de lui présenter ce bébé chat. Si elle l'adopte, elle lui donnera la tétée, sinon, il ne pourra pas survivre.*

Nous guettons derrière la vitre de la cage. Tout doucement cette maman chat va vers le petit chaton et lui présente ses tétons. Tout de suite, le bébé se met à téter tout de go. C'était gagné. Nous avons tous les trois les larmes aux yeux devant ce joli tableau.

Quelque temps plus tard, je me suis renseigné. Le petit chat va très bien et la maman aussi. Que c'est beau la nature !

2014 : année noire !

Depuis mon installation à Reims en 1992, j'ai toujours eu des chiens. J'ai tout d'abord eu Mimi, une petite chienne caniche blanche qui venait de chez Dany Saval. Elle n'eut pas de chance, elle décéda en 2000, empoisonnée accidentellement chez une amie à Aix-en-Provence.

Ma seconde petite chienne s'appelait Zaza. Je l'ai recueillie à la S.P.A. de Reims et de ce fait, je ne connais pas son âge réel.

En réalité, elle s'appelait Elsa mais un jour que j'étais invité chez des amis, la maîtresse de maison s'appelait Elsa. Donc... *Elsa vient faire un câlin à papa !* Cela a failli déclencher un « incident » diplomatique, depuis je l'ai surnommée Zaza.

Elle m'accompagna partout, même sur scène. Elle était plus cabot que moi, c'est peu dire. Le 6 mars 2014, elle est décédée de vieillesse, elle devait avoir 17 ou 18 ans.

En cette année 2014, mon ami Jean Vallée est très malade mais ne veut pas en parler. Seuls sa famille et quelques proches sont au courant.

Fin novembre 2013, je fais une apparition dans un concert de Jean Vallée, à Valenciennes, dans le nord de la France. C'est la dernière fois que je le verrai sur scène.

En janvier 2014, Jean ne va pas bien du tout et est hospitalisé en région parisienne. Il refuse qu'on aille le voir. Sauf moi. Un après-midi, son épouse Malou m'emmène à l'hôpital. Lorsqu'il me voit arriver au bout du couloir, j'entends encore sa voix puissante hurler « Kiraaaaaaaaa ! ».

Hélas, il décède le 12 mars 2014. C'est un pan de ma vie, de ma carrière, d'une époque qui fout l'camp. J'assiste à son enterrement en Belgique. Avec le frère de Jean et le chanteur Joël Prévost, je dois chanter sa chanson « L'amour ça fait chanter la vie ». Je ne peux chanter que le premier couplet tellement je manque de souffle à cause de mes problèmes d'embolies pulmonaires.

Depuis quelques années, je souffre de problèmes respiratoires suite à des embolies pulmonaires à répétition. C'est d'ailleurs pour cette raison que depuis 1999, je ne vais plus au Québec. Il m'est interdit de prendre l'avion, surtout pour de longues distances. Je continue néanmoins de chanter mais je rame de plus en plus.

En juillet 2013, je me « tape » une énième embolie pulmonaire plus importante que les autres et je manque y « rester ». Je suis tellement essoufflé que je ne peux pratiquement plus marcher. Je chante que très rarement car pour chanter le souffle est primordial.

À l'hôpital de Reims, le cardiologue me dit qu'il existe une nouvelle intervention chirurgicale qui consiste à nettoyer les artères obstruées par des caillots de sang. Il faut que j'attende mon tour car je ne suis pas le seul.

Je donne deux derniers concerts à Liège sur une péniche les 1er et 2 février 2014.

Neuf mois après ma dernière embolie, je ne suis toujours pas opéré. J'attends mon tour. Je souffre de plus en plus, ne chantant plus.

Michel Drucker

Ces derniers jours d'avril, je passe quelques jours de repos dans le nord de la France chez mon amie Carmen. J'ai l'impression que je vais mourir. Je n'en peux plus.

Sachant que Michel Drucker, hypocondriaque, connaît tous les plus grands médecins de Paris. Je décide de l'appeler. C'est son épouse Dany Saval qui décroche. Ils sont dans le sud de la France. Michel prend l'écouteur. Il rentre le lendemain à Paris et décide de téléphoner à ses amis médecins.

Grâce à lui, je suis reçu le lendemain à l'hôpital Pompidou par le professeur Desnos. Je lui dis que je suis arrivé en train. Il me dit que c'est suicidaire, j'aurais pu tomber « raide » en cours de route. Il me parle de cette nouvelle intervention chirurgicale. Je ne suis pas le premier mais quand même dans les premiers. Ce n'est pas une petite opération, elle comporte des risques mais comme le reste de mon « corps » fonctionne très bien, sans cholestérol, ni diabète, ni problème de prostate, ça vaut la peine de la tenter.

De toute façon je n'ai pas le choix, sans ça c'est la mort certaine dans quelques mois. Donc j'accepte, presque de gaîté de cœur.

Deux jours plus tard, je suis admis à l'hôpital Marie Lannelongue à Plessis-Robinson, en région parisienne. Les professeurs Fabre, Fadel et Sanchez me « prennent » en main.

Le mercredi 12 mai au matin, Malou la veuve de Jean Vallée se trouve dans ma chambre au moment de m'emmener au bloc opératoire. Il paraît que j'y vais avec une telle gaieté de cœur, comme si j'allais au club med', me dira Malou. Faut dire que j'en peux plus. Je suis au bout du rouleau !

L'intervention (de sept heures et demie) se déroule très bien sauf que je fais un œdème pulmonaire quelques heures plus tard.

Le coma… cet inconnu !

Pour les besoins de l'opération, je suis plongé dans un coma artificiel. Normalement trois jours plus tard, on doit me réveiller. Il se fait que les médecins ne réussissent pas à me réveiller. Je ne sais pas la vraie raison, paraît-il que je souffrais trop. Ce que je sais c'est que je ne voulais pas me réveiller.

Je me réveille enfin, dix-huit jours plus tard. Je suis encore dans les vapes à cause des doses colossales de morphine que mon corps a ingurgitées, mais peu à peu mon esprit se remet en place.

De jeunes étudiants en médecine flanqués de leurs ordinateurs viennent m'interviewer, me demandant mes impressions et faisant des comparaisons avec d'autres patients. Ils estiment que je fais la part des choses entre mes hallucinations à cause de la morphine et mes véritables impressions.

Je me souviens de certaines choses. Les infirmières m'ont dit que par moment j'avais des semblants de lucidité, que je parlais. Je suis persuadé d'être dans un hôpital de Cannes et qu'il faut prévenir Annie Cordy qui habite à côté. J'ai l'impression de voyager en permanence alors que pendant tous ces jours, je n'ai pas quitté ma chambre.

Je me souviens également que certains soirs, j'appelle les infirmières car il faut que j'aille chanter au cabaret le Lapin Agile, car

Leny Escudero (que je n'ai jamais rencontré) m'attend. Je veux sortir de mon lit alors que je ne tiens pas debout.

J'entends des voix mais je ne vois pas. La seule personne que je vois c'est mon frère Jean, plus jeune et sans cheveux gris. J'entends les infirmières ou les médecins discuter entre eux mais je ne les vois pas. Je vis avec ma vie à côté de moi, comme dans un sac de voyage. Par moment, je sais qu'on veut me réveiller mais je ne veux pas, je suis bien dans mon « monde ». Ce n'est que la deuxième ou troisième fois que j'ai bien voulu « revenir ».

Une autre fois, toujours dans mon monde, je vois Michel Drucker à la télévision dans son émission « Vivement dimanche ». Il dit :

— Avec mon hélicoptère, je peux faire des rapatriements d'urgence. Nous allons faire l'expérience avec Kira.

Je vois par la fenêtre de ma chambre d'hôpital, les arbres qui bougent, un hélico s'approche, on sort un sas et on pousse mon lit-civière dans la carlingue. Michel décolle et me transporte en Belgique, dans un petit aéroport du centre-ville de Bruxelles.

Lorsqu'on me sort de l'hélico, tous mes amis sont là. Surtout des musiciens dont certains sont décédés depuis longtemps. Ils me disent que lorsque je serai guéri, on fera mon prochain disque. La chanteuse Tonia est là également et me propose lorsque je serai guéri, de faire un duo avec elle.

Ensuite, Michel me ramène à Reims dans un grand appartement médicalisé que je semble connaître, comme si j'y étais déjà allé. C'est très étrange. Depuis, j'essaie de retrouver cet appartement, sans résultats.

Plus étrange encore : j'ai depuis quelques années des amis originaires de la région de Reims qui habitent maintenant Cannes. La maman s'appelle Claudie et son fils Maxence. Je les connais depuis une vingtaine d'années. Maxence chante avec un certain succès mais à présent il travaille dans la police.

Un jour, toujours dans mon coma, je le « vois » au bord de l'eau, la mer ou une piscine, avec sa copine, une gendarmette. On lui avait dit que probablement, je ne me réveillerais pas et qu'il ne me verrait plus.

Je le vois très triste, il ne pleure pas mais est très triste. Quelques jours plus tard, je me réveille.

Au mois d'août, c'est-à-dire trois mois plus tard, pratiquement rétabli, je vais en vacances à Cannes chez Maxence, je lui dis :

— *Tu vois, tu étais triste parce que j'allais mourir, regarde la forme que j'ai !*

— *Comment le sais-tu que j'étais triste ?* répondit-il.

Mystère que je ne peux pas expliquer mais il y a un témoin : Maxence. Il s'est passé quelque chose mais quoi !

Le coma est une chose étrange, inexplicable mais très intéressante pour l'être concerné. C'est l'expérience la plus extraordinaire de mon existence, bien plus importante que mes chansons et mes plus grands concerts.

Si mourir c'est ça, je n'ai plus peur de la mort. Il est plus difficile de vivre que de mourir.

Je dis que si chacun de nous pouvait vivre cette expérience sans en mourir, ce serait formidable. Après, on n'est plus pareil. On relative plus facilement les choses importantes et celles qui le sont moins. Depuis, je crois en la réincarnation !

Retour à la maison

Je pratique la rééducation à double dose. Au lieu de faire une séance de deux heures par jour, j'en fais deux, c'est-à-dire quatre heures. Je suis très motivé car mes amis Christine et Jean-Pierre Minjauw de Luxembourg m'ont proposé de m'inviter au Portugal. Nous sommes début juin et le Portugal c'est pour début juillet. J'ai donc un mois devant moi. Grâce à eux, je reprends assez vite du « poil de la bête ».

Quelques semaines plus tard, je reviens au CHU de Reims puis chez moi. L'aventure est terminée mais quelle aventure. Je comprends que lors de jours de tristesse ou de cafard, j'aie parfois envie d'y retourner dans ce « monde-là ».

Il y a une fin comique à cette aventure : à Paris on me dit que je dois rentrer au CHU de Reims en ambulance. La Sécu m'informe que j'aurais dû la « commander » quinze jours avant. Sauf que quinze jours avant j'étais encore dans le coma. Résultat : je suis obligé de prendre un taxi Paris/Reims à mes frais.

Pour conclure : sans l'intervention de Michel Drucker, je ne serais pas là à vous raconter ma vie. Merci, Michel !

Retour à Reims et au Québec

Je me rétablis peu à peu et recommence à chanter. Tout d'abord timidement puis presque comme avant. Il y a un avant et un après.

Bien que les médecins m'ont affirmé que mes cordes vocales n'ont pas été touchées, j'ai perdu pas mal de notes dans les aigus. Les cours et les conseils d'un orthophoniste-phoniatre n'y font rien. Je dis ça mais c'est peut-être aussi à cause de l'âge car les années passant, toutes les voix changent. Tant pis, on fera avec.

Les temps ont changé et il est beaucoup plus difficile pour moi de trouver des engagements à Reims.

Alors, je retourne chanter au Québec tous les ans et même parfois plusieurs fois par an. Je me produis principalement à Montréal dans des petits endroits très sympas comme le « P'tit Bar » où je suis passé trente ans auparavant. Également au « Rendez-Vous du Thé », restaurant-spectacle très sympa tenu par Georges et Dominique. Le spectacle se déroule après que les gens ont dîné, le public est très attentif.

Nouveau disque

En 2016, je retrouve à Montréal mon ami chanteur belge Rudy Morgan. Je le connais depuis des années. Son papa tenait un établissement près d'Arlon, une discothèque où il y avait un vrai lion dans une cage. Il s'appelait Clarence car il louchait comme celui du dessin animé. Vers la fin des années soixante, j'y suis allé d'abord comme choriste avec Robert Cogoi puis en concert.

Entre-temps Rudy s'est lancé dans la chanson et nous avons le même agent pour nos cabarets de province et au Cameroun. Une solide amitié s'est nouée entre nous.

Depuis quelques années Rudy s'est expatrié au Québec et s'est marié avec Francine, une Québécoise. Il a monté un studio d'enregistrement à Farnham au sud de la province du Québec, près de la frontière américaine.

Depuis toujours, je n'ai jamais beaucoup aimé m'entendre chanter mais là, avec ma voix qui chancelle, je ne pense plus faire de disque. Chanter sur scène ça peut passer grâce à l'interprétation mais en studio, tout s'entend !

Rudy me demande faire quelques maquettes pour essayer. Lorsque je m'entends, c'est la catastrophe. Mais Rudy et Francine trouvent que cette voix plus grave donne un certain charme qui correspond à mon âge. Donc, j'accepte de sortir un nouveau CD coproduit par Fran-Pell

Canada, la société de production de Rudy Morgan. Je ré-enregistre quelques chansons que j'avais déjà gravées quelques années avant, comme « L'amour ça fait chanter la vie » et « Divine » de Jean Vallée. Avec un chœur d'enfants, j'enregistre également « On n'a pas toujours les Noëls qu'on veut », une chanson de Noël que Jean n'a pas eu le temps d'enregistrer avant de partir.

Mon ami Jean Viau m'écrit « Vous n'avez pas l'air de me croire » qui sera le titre phare de cet opus. J'enregistre ma voix sur la bande orchestrale d'un musicien québécois Guy Lafrance.

Pour les autres titres de l'album c'est comme d'habitude, mon fidèle Jean-Marie Dohan qui se charge des arrangements musicaux.

Rudy Morgan est le champion du monde du mixage et du remastéring. Ailleurs, je n'ai jamais rencontré des résultats pareils. Étant donné qu'il est lui-même chanteur, il sait ce que l'artiste veut.

Le CD sort simultanément au Québec et en France. Évidemment, à cause des téléchargements, on vend beaucoup moins de disques.

Le 28 avril 2017, Rudy produit pour moi un concert Place des Arts à Montréal. C'est un endroit prestigieux où tous les artistes de passage au Québec se sont produits. Il y a plusieurs salles, la plus grande : Salle Wilfried Pelletier, peut contenir plusieurs milliers de places. Modestement, je chante dans la plus petite : Salle Claude Léveillé, environ 200 places. Je m'accompagne à la guitare et avec bandes orchestres.

Ce qui est génial au Québec, c'est leur professionnalisme. Lorsque vous arrivez, tout est prévu, tout est en place. Un technicien vous accueille avec une sono formidable, de bons éclairages, bref tout ce qu'il faut pour que l'artiste se sente bien.

Rudy qui parallèlement à son activité de (bon) preneur de son a créé un département vidéo, filme la soirée. Il en profite pour réaliser quelques beaux clips de mes chansons.

Quand je rentre en France, je travaille moins mais je me débrouille. Je chante souvent à la Storia, chez mon ami Bruno. Une petite pizzeria de vingt-cinq places. Je fais quelques soirées privées dans ma région.

De temps en temps, je fais une apparition à Bruxelles dans un sympathique petit café-théâtre « Le B'Izou » ou à Montmartre au cabaret « Chez ma cousine » ou au « Lapin Agile », bref, je continue mon petit bonhomme de chemin.

Mon frère Jean s'en va…

Été 2018 : mon frère Jean est au plus mal. Il traîne un cancer depuis quelques années.

À cause de mon métier de chanteur et de mon départ pour Paris, je m'étais un peu éloigné de ma famille. Depuis que j'habite Reims, nous nous retrouvons.

Et voilà qu'au début du mois d'août 2018, Jean va de plus en plus mal. Je dois honorer des contrats au Québec. Je recule mon voyage de quelques jours mais au bout d'un moment, je suis obligé de partir. Je vais voir mon frangin à l'hôpital. Il sait (nous savons) qu'il n'en a plus pour longtemps. Tristement, nous faisons nos adieux et je pars au Québec. Quelques jours plus tard, il nous quitte.

Mon ami l'éditeur producteur André d'Anjou que j'ai connu, rappelez-vous, il y a cinquante ans au cours de chant de Michette Lelong, décide de sortir un single (deux titres) sur son label Adasong. Il veut le « balancer » sur toutes les plates-formes de téléchargement. Les titres : « Vous n'avez pas l'air de me croire » et « Le pêcheur d'illusions ».

André me demande si cela me gêne que ma photo ne soit pas sur la pochette, car lorsque des gens du métier, ne me connaissant pas, voient la photo d'un vieux bonhomme… Évidemment que cela ne me gêne pas. À vingt ans peut-être mais maintenant…

Comme je vous l'ai dit plus haut, André Danjou est décédé fin octobre 2020.

Et maintenant…

J'ai eu la chance de rencontrer de belles personnes mais hélas depuis quelque temps, je me plais à fredonner : « Que sont mes amis devenus », texte de Ruteboeuf mis en musique par Léo Ferré.

Beaucoup de mes amis sont partis. Je pense à Jacques Hustin, Jean Vallée, Serge Davignac, Irène Deneuville, Jean Véja, Charles Morel, Jacques Debronckart, Jean-Claude Annoux, Bernard Dimey, Jane Tony, André d'Anjou, Camille Biver, Michette Lelong… la liste serait trop longue.

Et ce 14 mai 2022, c'est au tour de Robert Cogoi de tirer sa révérence. Encore une page qui se tourne.

Ce sont tous des gens du « métier » mais il y en a beaucoup d'autres. Ils font partie de ma vie. Ils ne sont pas tous des amis intimes mais ils ont jalonné mon existence. Ils me manquent !

Sans être une « vedette », j'ai eu quelques belles surprises dans ce métier. Ainsi, j'ai la fierté d'avoir ma chanson « La Source » traduite en anglais (« Fletch the water »).

Un jour, je reçois un décompte de la Société de droits d'auteurs de Londres. Un artiste s'était produit à Hong-Kong, alors encore sous protectorat anglais. La somme de droits d'auteur que je touche est ridicule mais je trouve que c'est tout de même insensé qu'une de mes chansons ait été chantée à l'autre bout du monde !

Covid-19 et guerre en Ukraine

J'ai attrapé la Covid-19 tout au début mars 2020 sans en être très affecté. D'autres n'ont pas eu cette chance.

C'est une catastrophe pour tout le monde. Je parle surtout du domaine artistique que je connais. Plus de concerts, moins d'enregistrements donc de séances de studio. Pour moi qui ai 74 ans au moment où j'écris ces lignes, c'est moins important. Ma carrière est derrière moi.

Mais je songe aux jeunes artistes qui ont une famille, des enfants, parfois des crédits sur le dos. Comment vont-ils s'en sortir ?

Après cette calamité, nous voilà au seuil d'une guerre. Le conflit russo-ukrainien est à nos portes. Je crois en l'homme et j'espère qu'il n'ira pas jusqu'à une guerre atomique qui serait catastrophique pour l'humanité.

Réflexions

Durant toutes ces pages, je dois vous paraître un peu pessimiste ou passéiste. Pourtant malgré toutes ces aventures ou ces galères, j'ai vécu une vie formidable, pleine d'imprévus. Et surtout, j'ai réussi à vivre de ma passion. Si c'était à recommencer, je referais la même chose.

Pour les émissions de radio ou de télévision, cela a toujours été un peu compliqué à cause de ce fichu bégaiement. Pour moi ce n'est pas trop un problème mais pour mes interlocuteurs… C'est pour cela que je n'ai pas fait beaucoup de promotion pour mes disques.

Vous vous rendez vous compte, chers Amis, malgré les embûches de la vie, j'ai vécu de ma passion pendant pratiquement toute ma vie. Peu de gens peuvent en dire autant.

Nombre d'amis ont fait un métier qu'ils aimaient plus ou moins. Moi j'ai vécu mon rêve et surtout j'ai réussi à « bouffer » grâce à ma passion. Je ne suis jamais allé au « boulot » en traînant les pieds.

On peut me dire que si j'avais fait un autre métier, aujourd'hui j'aurais peut-être une retraite plus lucrative… à voir. De toute façon, dans mon métier le mot « retraite » n'existe pas puisqu'on n'exerce pas un métier mais une passion.

Quelques collègues ont réussi mieux que moi, disons qu'ils se sont mieux arrangés avec la vie. Certains ont pris le train de la gloire et m'ont laissé sur le quai. Peut-être ne suis-je pas assez opportuniste. Jamais je n'aurais accepté de prendre la place d'un autre à son détriment. Certains n'ont pas hésité !

Aujourd'hui en France, le jeunisme est de rigueur. Des gens du métier m'ont fait comprendre à plusieurs reprises qu'il faudrait que je « raccroche », que je suis trop vieux ! Mais moi, je ne veux pas, je ne peux pas m'arrêter.

Ma vie a été essentiellement construite autour de chansons et de spectacles. Et peut-être que le rythme des spectacles va reprendre, on peut rêver.

Alors même si les organisateurs m'engagent moins qu'avant, je ne suis pas près d'accrocher ma guitare au mur en guise de décoration !

Je pense que les chanteurs d'aujourd'hui devraient écouter plus souvent les anciens car ils ont encore des choses à dire. Ils comprendraient alors qu'ils n'ont rien inventé. Qu'il existait de très bons artistes avant eux. Mais peut-être qu'à leur âge, j'étais comme eux

Quand j'écoute Brel, Aznavour, Bécaud ou Brassens, Ferrat et Ferré qui à mon avis sont les plus grands poètes de notre siècle, je suis toujours émerveillé.

À présent tout va tellement vite. En questionnant de jeunes gens, je me suis rendu compte que certains ne savent même pas qui est Juliette Gréco ou Yves Montand. C'est grave mais c'est la vie qui passe.

En écrivant cela, je me rends compte que je dis des bêtises. De jeunes musiciens, chanteurs, qui me suivent ou parfois m'accompagnent sur scène, apprécient les beaux textes, les belles mélodies.

Le problème c'est que les médias ne font que peu de publicité pour ce genre de chansons. Des artistes comme moi ne sont pratiquement jamais programmés. Comment peut-on se défendre ?

Il est vrai qu'au Québec ce problème générationnel se ressent moins. Les jeunes chanteurs fréquentent aussi bien des gens de leur âge que des « vieux ».

Je me dis que la vie ou le métier d'artiste était mieux avant mais peut-être que je me trompe. Avant... j'avais vingt ans ! Je crois que les chanteurs qui ont vingt ans aujourd'hui ne se rendent pas compte que ce sont les meilleurs moments de leurs vies. J'étais pareil à leur âge.

Certains chanteurs de ma génération qui n'ont pas eu la chance de « percer » ont exercé leur métier en artisans. C'est tout à leur honneur de n'avoir pas sacrifié à la facilité.

On me demande parfois si je chante toujours étant donné que je ne passe pas à la télé. Sachez qu'il existe un circuit parallèle fait de petits endroits comme des centres culturels, des concerts privés, des cabarets, où on peut pratiquer son art.

Des collègues artistes de mes débuts comme Bruno Brel et certains autres sont toujours dans le circuit et ne sont pas près de s'arrêter.

Entre 25 et 60 ans, c'est-à-dire pendant 35 ans, j'ai chanté pratiquement tous les jours. Entre les cabarets que j'ai beaucoup « pratiqué » et les soirées privées ou animations, cela veut dire un bon 350 tours de chant par an.

Évidemment ce ne sont pas des concerts de stars mais cela représente pas mal de chansons. Et je n'ai pas toujours eu des sonos extraordinaires. Parfois je m'étonne d'avoir la voix un peu fatiguée !

En allant tout doucement vers la fin de ma « carrière », je voudrais refaire un beau concert à Reims, avec orchestre de violons. Tout ce que j'aime. Ce sera peut-être le dernier. Le tout dirigé par mon éternel ami arrangeur Jean-Marie Dohan.

Afin de terminer mon parcours en beauté, j'aimerais enregistrer un dernier disque de nouvelles chansons. J'en ai dans mes tiroirs. Certaines de Jean Vallée, d'autres écrites par des amis talentueux, d'autres de mon cru. Ce disque sortirait simultanément en vinyle et en laser. On verra…

En attendant, je sors un « Best Of » de 24 titres, extrait de mes différents albums.

En conclusion : je ne regrette rien… si c'était à refaire, je referais tout pareillement. Car malgré les embûches, j'ai eu une vie extraordinaire. Je n'aurais jamais pu imaginer, même dans mes rêves les plus fous, que je vivrais ce que j'ai vécu. ALORS MERCI LA VIE !

Chers amis, vous devez vous demander pourquoi à part mes amours d'adolescent, je n'évoque pratiquement pas ma vie privée, ma vie amoureuse ?

Justement dans vie privée, il y a le mot « privée » donc ça ne concerne que moi. Et je pense que ça ne vous intéresserait pas tellement de savoir où, comment et avec qui je couche ! Néanmoins, j'ai eu une vie amoureuse bien remplie. Il est vrai que je suis resté célibataire car j'ai voulu être libre afin de mener la vie que je désirais.

Je n'aime pas tellement évoquer ce jardin secret, qui n'a rien de mystérieux, seulement il est à moi, et j'aime le préserver.

À part avec quelques personnes très très très intimes, je ne parle jamais de ces choses-là.

Pour conclure, je pense que je pourrais chanter la chanson de Serge Lama :

Et d'aventure en aventure, de train en train, de port en port.

Discographie

Disques Vinyle :
1967 : *L'aurore, Sérénade* 45 T (Ronnex)

1971 : *Concerto en do majeur, Sans Bruit.* 45 T (Hebra 591)

1974 : *La fille sauvage,* + compilation artistes divers 33 T (MFP 2M046-95720)

1974 : *La source,* + compilation artistes divers 33 T (Alpha 8002)

1976 : *La fille sauvage, La source.* 45 T (Hebra 635)

1978 : *Pénélope.* Comédie Musicale Double 33 T (Tréma 310 051/52)

Cassettes :
1990 : *Pardon je t'aime, Le procès, Viens, Divine, Mon pays noir, Avec le temps, Ne me quitte pas.* (Auto-produit K 9001)

Compact-disques :
1992 : *Amoureux encore une fois, Sans bruit, Ton père, Concerto en do majeur, La fille sauvage.* (Leslie LC 922020)

1995 : *Comme la mer, Sans bruit.* (Leslie LC 951040)

1998 : « LIVE À MONTRÉAL » enregistré en sept 1987

Pardon je t'aime, Toutes les mélodies, L'amour ça fait chanter la vie, Paris Basilic, Défendu défendu, Adélaïde, Le procès, Noblesse oblige, Divine, Viens, Avec le temps, Le plat pays, La petite fugue, Mon pays noir, Reste-moi celle, Je m'voyais déjà, Ne me quitte pas, Le p'tit bonheur, Des mots simples. (Leslie LC 996061)

2002 : *Mon enfance, Il te reste la musique, La folle, Tu te balades, De quoi vous parlerais-je, Je t'écris, Un jour, Supplique, Sans bruit, La source, Monsieur « Y », Où est la tendresse ? Pour ton retour, Le pêcheur d'illusions, Amoureux encore une fois, Comme la mer.* (Hebra CD 242)

2008 : *Il te reste la musique, Mon pays noir, Reste-moi celle, Le pêcheur d'illusions, Quand le jour se lève, Le procès, J'ai voulu chanter pour vous, Sans bruit, Victime de la mob, Avec le temps, Ma vie d'artiste, Mon enfance, Comme la mer, Amoureux encore une fois, Hé, m'man, A travers les rideaux, Concerto en do majeur, Pour ton retour, La folle, Ne me quitte pas, Hawaï.* (Kira 2008)

2010 : Live à l'Affiche octobre 2009

Mon pays noir, Ma vie d'artiste, Amoureux encore une fois, Sans bruit, Concerto en do majeur, Victime de la mob, Le pêcheur d'illusions, A travers les rideaux, Hé, m'man, La folle, Mon enfance, La vague, Adélaïde, Pierrot et Colombine, La voix, Il te reste la musique. (Kira 2010)

2017 : *Vous n'avez pas l'air de me croire, L'amour ça fait chanter la vie, Les chemins du hasard, 8 heures, 11 h 10, 15 h 23, Je m'sens très seul, Divine, Pas de place pour me garer, On n'a pas toujours les Noëls qu'on veut, Il te reste la musique, Mon enfance, Concerto en do majeur.* (Kira Records KIR 012017)

2019 : *Vous n'avez pas l'air de me croire, Le pêcheur d'illusions.* (Adasong AD 85 016)

2021 : « BEST OF KIRA »

Il te reste la musique, Amoureux encore une fois, La source, 8 heures, 11 h 10, 15 h 23, Comme la mer, Et puis l'amour a disparu, C'est beau la vie, Pas de place pour me garer, Ton père, La vague, Pour ton retour, Mon pays noir, Le plus beau chemin, Sans bruit, Mon enfance, Avec le temps, Ma vie d'artiste, Pardonnez-moi Seigneur, De quoi vous parlerais-je ? Tu te balades, Les chemins du hasard, Noblesse oblige, Viens, Pierrot et Colombine. (Kira Records KIR 09211431)

DVD

2016 : Double DVD, deux concerts :

- Concert à l'Affiche, octobre 2009

Mon pays noir, Ma vie d'artiste, Amoureux encore une fois, Sans bruit, Concerto en do majeur, Victime de la mob, Le pêcheur d'illusions, A travers les rideaux, Hé, m'man, La folle, Mon enfance, La vague, Adélaïde, Pierrot et Colombine, La voix, Il te reste la musique.

- Concert au Chemin Vert, mars 2012

Moi, je préfère, Pardonnez-moi seigneur, Je suis belge, Victime de la mob, La vague, Mon enfance, Adélaïde, Accroche-toi, Amoureux encore une fois, Sans bruit, Pierrot et Colombine, Le pêcheur d'illusions, Mon vieux, Il te reste la musique.

Imprimé en Allemagne
Achevé d'imprimer en novembre 2022
Dépôt légal : novembre 2022

Pour

Le Lys Bleu Éditions
40, rue du Louvre
75001 Paris

www.ingramcontent.com/pod-product-compliance
Lightning Source LLC
LaVergne TN
LVHW010556160826
845677LV00013B/3149

* 9 7 9 1 0 3 7 7 7 8 6 0 4 *